吴炜　尹基跃　呆广浩 | 著

短视频流量变现

抖音运营
实战攻略

中国纺织出版社有限公司

内 容 提 要

本书从创建抖音账号、策划与创意、拍摄与剪辑、吸引与留住用户、营销与推广、直播与带货、数据分析、行业实操等多个方面，细致地讲解了实体企业从建号到变现的抖音运营全过程，涵盖了餐饮业、旅游业、美业、服装业、汽车业、家装业、房地产业等主流实体行业，方法实用，可以帮助各个行业运营者快速掌握短视频的运营策略和实战技巧，及时收获营销红利。

图书在版编目（CIP）数据

短视频流量变现：抖音运营实战攻略 / 吴炜，尹基跃，杲广浩著 . -- 北京：中国纺织出版社有限公司，2024.7

ISBN 978-7-5229-1699-6

Ⅰ. ①短… Ⅱ. ①吴… ②尹… ③杲… Ⅲ. ①网络营销 Ⅳ. ① F713.365.2

中国国家版本馆 CIP 数据核字（2024）第 077800 号

责任编辑：顾文卓　　责任校对：寇晨晨　　责任印制：储志伟

中国纺织出版社有限公司出版发行
地址：北京市朝阳区百子湾东里A407号楼　邮政编码：100124
销售电话：010—67004422　传真：010—87155801
http://www.c-textilep.com
中国纺织出版社天猫旗舰店
官方微博 http://weibo.com/2119887771
鸿博睿特（天津）印刷科技有限公司印刷　各地新华书店经销
2024年7月第1版第1次印刷
开本：710×1000　1/16　印张：14
字数：195千字　定价：59.80元

凡购本书，如有缺页、倒页、脱页，由本社图书营销中心调换

Preface
前　言

早在 2019 年，我们在各大实体企业做内部培训时，就能明显感觉到，大家的兴趣点已经从移动端广告和微信公众号转向了短视频和直播，我们对此也开始有所警觉。会不会再过一段时间，短视频和直播真的会成为新媒体内容的主流？而一向被我们瞧不上，觉得浮躁的抖音，难道真的能够替代微信公众号，成为最大的媒体平台？带着这些疑问，我们开始了对抖音短视频的探索。

之后不到 3 个月的时间，现实的变化让人猝不及防，新冠肺炎疫情打乱了所有人的生活。然而正是在这一阶段，抖音成了所有新媒体内容平台中最大的流量入口，各大传统企业纷纷入局，试图从线上获取更多的流量和机会。

到了 2021 年上半年，我们团队正式开启了实体企业抖音代运营业务，把我们的理论应用于实践，踏出了实践检验真理的第一步。我们接到的第一个客户是本地的一家广告标识类工厂。从起号到创意策划，再到视频拍摄剪辑，最后到第一条短视频成功发布，全程由我们来执行实现，但效果并不理想。经过数次理论分析和数据研判，不断地改进，诸如增加脚本类目、科学结合热点等，终于在 1 个月后，更新到第 13 条短视频时，才真正获得热门推荐。也正是这条视频为客户账号增长了 1.9 万名粉丝，也是从那一刻开始，我们团队真正成为一个名副其实的实体企业抖音代运营达人团队。

"实业兴国"最早是李大钊在《庶民的胜利》一文中提出的观点。而时至今日仍在持续发酵的美国金融危机，正是美国经济长期空心化所导致的恶果。今天，美国的生产结构依然以金融及相关服务业为主导，第三产业占比远大于第一、第二产业。而如何在新时代推动实业兴国战略，远离泡沫经济，塑造中国特色商业文明也正是我们团队选择"实体行业"作为服务对象的初衷和根本原因。

直到2023年年底，我们服务的抖音B端类客户已经遍布各个实体行业，比如淄博烧烤、B2B类商业设备产销一体化工厂、酒店、餐厅、食品零售店、茅台酒业加盟商、本地龙头家装公司、亲子中心、旅游露营地、美容养生馆、汽车配件零售店等。

虽然我们团队已经拥有数年的实体企业抖音代运营经验，但从事代运营后，还是被行业环境吓到了。创意抄袭横行、信息差巨大、大量运营人员不具备专业知识等，都是我们始料未及的。

为帮助更多实体企业少走弯路，我们团队决定写这本书，把我们多年的理论技巧总结和实战运营经验凝练起来，帮助大家更好地学习短视频运营策略和实战技巧。

本书从打造抖音账号、策划创意、拍摄剪辑、营销推广、直播带货、数据分析、行业实操和真实案例解析等多个方面，细致地讲解了各行业实体企业从建号到变现的抖音运营全过程，涵盖了餐饮业、旅游业、美业、服装业、汽车业、家装业、房地产业等主流传统实体行业，方法实用，可以帮助各个实体行业运营者快速掌握抖音的运营策略和实战技巧，及时收获抖音红利。

本书适合广大实体企业老板或运营团队以及运营者阅读，尤其适合想为自己的线下门店、工厂、品牌和产品吸引更多流量的传统企业使用。

最后，希望这本抖音运营实战工具书能够让每一位读者受益，也希望在未来的某一天，我们能够成为现实世界中的朋友。限于作者时间和水平，书中难免存在疏漏，敬请广大读者批评指正。

目 录

第1章　创建实体企业抖音账号

第1招　注册抖音，是迈向短视频世界的第一步 ………………………… / 002
第2招　准确的账号设置是抖音运营的关键一步 ………………………… / 004
第3招　企业账号关键设置：昵称&头像 ………………………………… / 005
第4招　实体企业抖音账号的精准定位 …………………………………… / 009
第5招　快速搭建企业的抖音账号矩阵 …………………………………… / 011
第6招　寻找同行业对标账号 ……………………………………………… / 015
第7招　分析抖音大号的内容特点 ………………………………………… / 017
第8招　了解抖音核心算法及推荐机制 …………………………………… / 018
第9招　提升企业账号的权重 ……………………………………………… / 022
第10招　正确认识"养号" ………………………………………………… / 023
第11招　作品更新时间及发布技巧 ………………………………………… / 025
第12招　企业账号认证的特殊标志：蓝V ………………………………… / 027
第13招　巧用"DOU+"助力推广 ………………………………………… / 030
第14招　避免企业抖音账号运营的雷区 …………………………………… / 032
第15招　巧用抖音小店橱窗 ………………………………………………… / 035
第16招　巧用"抖音来客"：商家一站式经营平台 ……………………… / 037

第2章　实体企业抖音短视频：策划与创意

第17招　建立自己的素材库……………………………………………… /042

第18招　短视频策划的五大步骤………………………………………… /045

第19招　短视频脚本内容的设计手法…………………………………… /047

第20招　根据企业客户需求规划内容…………………………………… /051

第21招　如何借势社会热点提升内容关注度…………………………… /053

第22招　搞笑类抖音短视频策划………………………………………… /056

第23招　情感类抖音短视频策划………………………………………… /058

第24招　为视频画龙点睛：短视频文案撰写技巧……………………… /061

第3章　实体企业抖音短视频：拍摄与剪辑

第25招　选择合适的拍摄设备和配件…………………………………… /068

第26招　拍摄基础知识一：光线………………………………………… /070

第27招　拍摄基础知识二：构图………………………………………… /073

第28招　拍摄基础知识三：景别………………………………………… /075

第29招　拍摄基础知识四：运镜………………………………………… /078

第30招　短视频拍摄的两个黄金技巧…………………………………… /087

第31招　选择合适的剪辑软件…………………………………………… /089

第32招　剪映的基本操作与功能………………………………………… /092

第33招　剪辑案例实操…………………………………………………… /101

第34招　剪辑实操关键点一：封面……………………………………… /109

第35招　剪辑实操关键点二：特效应用与创意展示…………………… /111

第4章　实体企业抖音运营：吸引与留住粉丝

第36招　瞄准平台与产品的核心用户群体…………………………… / 116

第37招　善于挖掘粉丝的痛点需求…………………………………… / 118

第38招　学会照顾粉丝情绪…………………………………………… / 120

第39招　制造有轰动效应的话题，激发粉丝好奇心………………… / 122

第40招　利用标题给粉丝留下良好的第一印象……………………… / 125

第5章　实体企业抖音运营：营销与推广

第41招　明确抖音营销的优势………………………………………… / 130

第42招　熟知抖音对企业营销的促进作用…………………………… / 133

第43招　对抖音平台进行营销定位…………………………………… / 137

第44招　掌握抖音营销的四种营销模式……………………………… / 140

第45招　直观展示商品，以实现高效转化…………………………… / 144

第46招　关键词让短视频更快触达用户……………………………… / 146

第47招　推广方式一：与大号强强联合……………………………… / 148

第48招　推广方式二：大小号互推…………………………………… / 150

第6章　实体企业抖音运营：直播与带货

第49招　直播间"人、货、场"的概念……………………………… / 154

第50招　开通直播带货的条件与步骤………………………………… / 156

第51招　熟知直播间的六大流量来源………………………………… / 160

第52招　掌握直播带货类短视频的分类和制作技巧………………… / 162

第53招　直播带货的产品展示和演示技巧…………………………… / 163

第54招　提升带货过程中粉丝的观看体验……………………………… / 165

第55招　优秀主播的关键技能……………………………………………… / 167

第56招　直播带货的销售技巧和话术运用……………………………… / 169

第57招　直播场景打造的三个维度……………………………………… / 175

第58招　直播间的设置技巧………………………………………………… / 176

第59招　直播脚本与产品层级设置……………………………………… / 178

第60招　制订直播带货的促销活动和优惠策略……………………… / 180

第61招　直播带货更要让粉丝获益……………………………………… / 182

第7章　实体企业抖音账号数据分析

第62招　定期复盘…………………………………………………………… / 186

第63招　查看账号数据……………………………………………………… / 189

第64招　数据分析中的关键指标解读与应用………………………… / 191

第65招　关注数据报告与测试优化作品………………………………… / 195

第8章　多行业实战：助力各个实体行业转型升级

第66招　抖音+餐饮………………………………………………………… / 198

第67招　抖音+旅游………………………………………………………… / 202

第68招　抖音+美业………………………………………………………… / 205

第69招　抖音+服装………………………………………………………… / 207

第70招　抖音+汽车………………………………………………………… / 210

第71招　抖音+家装………………………………………………………… / 212

第72招　抖音+农业………………………………………………………… / 215

第 1 章

创建实体企业抖音账号

第01招 注册抖音，是迈向短视频世界的第一步

回顾过去的 5 年，论起 2018 年最火的移动应用软件，抖音无疑是一匹黑马，力压群雄，仅用了 1 年时间就做到了与快手旗鼓相当的水平。而自 2020 年以来，伴随着 5G 的普及以及智能设备的完善，短视频、直播行业又迎来了新的增长爆发点，抖音也再次成为全民关注的焦点。全民关注给实体行业复苏带来巨大的能量和全新的机遇。

抖音作为一种新兴的社交媒体形式，具有时尚、年轻、活力的特点，与绝大多数实体企业的年轻目标用户群体或未来目标用户群体高度契合。2023 年 8 月到 2023 年 10 月的一项统计显示（图 1-1），抖音用户中 24 岁以下的占总人数的 27.91%，25～30 岁的占比 28.80%，31～35 岁的占比 26.30%，36～40 岁的占比 12.24%，40 岁以上的占比 4.75%。

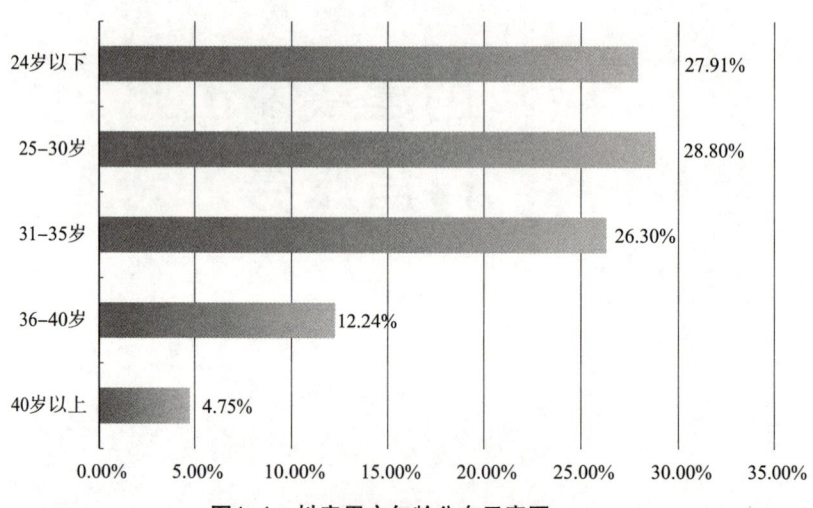

图 1-1 抖音用户年龄分布示意图

谈到实体企业与抖音平台的羁绊，就必须先思考：实体企业能在抖音这里得到什么？

首先，毋庸置疑，抖音所拥有的庞大用户群体，造就了每天数亿的视频内容播放量，这就为实体企业提供了广阔的曝光和推广机会。相比于传统的文字和图片形式，短视频更加生动、有趣，企业可以通过发布短视频以及与用户的互动充分展示自己的品牌文化并与用户建立情感关联，构建品牌形象和传播品牌故事。而抖音短视频也以其独特的内容形式，轻松吸引用户的注意力，帮助企业与用户建立更直接、更高效的交流方式，增加用户对实体企业品牌的认知度和记忆度。

其次，抖音平台还为实体企业提供了丰富的营销工具和功能，如直播、橱窗、抖音来客等，这些可以让企业轻松地展示产品特色，从而吸引用户主动关注和购买。另外，抖音平台所提供的数据分析和用户反馈功能，还能够帮助实体企业更好地了解用户需求和市场趋势，有针对性地进行产品优化和营销策略调整。其实，在短视频飞速发展的今天，抖音已经在无形中渗透到了企业营销战略的各个环节中了。

总之，在今天，实体企业选择积极入驻抖音，无疑是明智之举。实体企业应积极抓住这一机遇，充分利用抖音平台的优势，做好抖音运营，提升品牌的市场竞争力和用户黏性。而了解抖音在实体企业市场营销中的战略地位和其所扮演的角色并且勇敢地迈出第一步，完成账号的注册，便是实体企业成功运营抖音的第1招，也是最重要的一步。

第02招 准确的账号设置是抖音运营的关键一步

很多实体企业在注册抖音账号后,为了获得大量粉丝,会在短时间内拍视频和剪辑,迫不及待地去发布。其实,这是本末倒置的做法,抖音账号的设置对于抖音整体运营来说非常重要。一个好的抖音账号不仅仅是一串数字或字母,而是用户进一步了解你的信息通道,从而帮助企业建立企业形象、增加曝光度和吸引更多的用户关注。

对抖音账号进行设置需要运营者善于运用商业化思维。

首先,了解目标受众。企业在进行抖音账号设置之前,需要深入了解自己的目标受众。这包括目标受众的年龄、性别、地域、兴趣爱好等。通过市场调研、数据分析等方式获得目标受众的相关信息,从而更好地了解他们的需求和偏好。

其次,合理设置账号名称。账号名称应简明扼要,易于记忆,并能够准确传达企业的核心价值和特色。此外,完善的账号资料和信息也是至关重要的,包括上传企业的 logo 作为头像、填写企业的简介和联系方式等。这些细节能够增加用户对企业的信任度,提高用户与企业互动的积极性。

相反,不恰当的账号设置可能给抖音运营带来不便。如果账号名称过于复杂或难以理解,难以准确传达企业的信息和特色,用户可能会对企业产生困惑。此外,不完善的账号资料和信息也会给企业带来麻烦。如果账号缺乏清晰的企业简介、联系方式等关键信息,用户可能会对企业的可信度产生怀疑,从而减少对企业的关注和互动。这将直接影响企业在抖音平台上的运营效果。

第03招 企业账号关键设置：昵称&头像

首先，方法上，实体企业在命名抖音账号时应遵循以下原则。第一，账号名称应简洁明了，便于用户记忆和搜索。避免过长或复杂的名称，以免用户难以理解或输入。第二，与品牌相关。账号名称应与企业的品牌形象和特点相关，能够准确传达企业的核心价值。可以选择与企业产品、服务或行业相关的关键词或短语作为账号名称。第三，一致性。根据实体企业所在的不同行业，可以选择与企业在不同社交媒体平台上的账号名称保持一致，以增加用户对企业的辨识度和记忆度。

其次，技巧上，实体企业可以采用以下技巧来命名抖音账号。第一，突出特色。考虑企业的核心竞争优势或品牌特色，通过账号名称来突出企业的与众不同，吸引用户的关注。第二，创意性。有创意的账号名称能够吸引用户的关注和记忆。可以通过创造性的词语组合、双关语或其他有趣的方式来命名账号，提高用户的好奇心和互动性。

最后，实体企业在命名抖音账号时还需特别注意以下几点。第一，避免侵权。确保账号名称不会侵犯他人的商标权、版权或其他权益。避免使用与他人或其他品牌过于相似的名称，以免引起法律纠纷。第二，避免不当内容。账号名称不应包含不雅或不适当的词语，避免给用户留下负面印象。第三，企业一定要定期评估和优化名称。随着企业的发展和市场的变化，账号名称也可能需要进行调整和优化。企业应定期评估账号名称的适应度和相关性，并根据实际情况进行相应的调整。在具体操作上结合方法和技巧。常用的通常有如图3-1所示的五种设置方法。

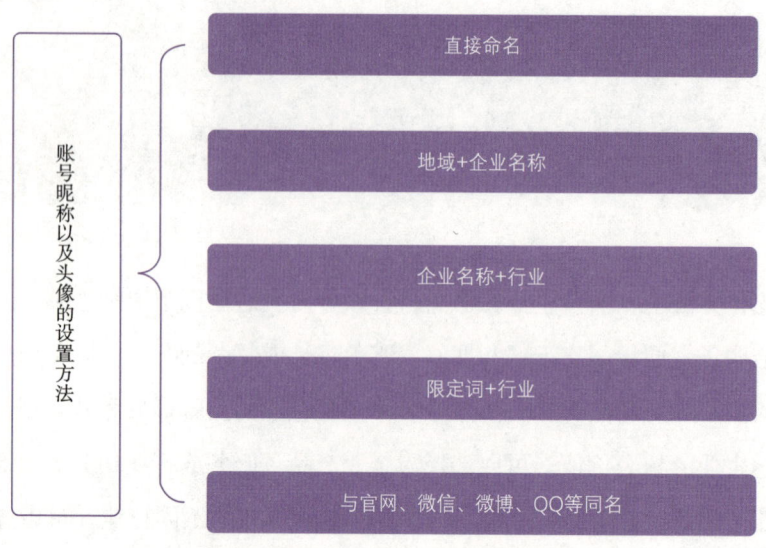

图3-1　账号昵称以及头像的设置方法

1. 直接命名

直接命名法，是指直接使用企业名称、品牌（产品）名称、企业标识等。例如，账号"梅赛德斯—奔驰""广州日报""NBA""小米手机"。

直接命名的账号旨在告诉用户"我是谁"，常适合于在行业中有较大影响力和威望的实体企业或品牌。然而，直接命名法并不是那么简单，需要结合企业的业务范围、产品性质以及产品类型多个方面，进行深入、细致分析。比如有些化妆品企业在名称中通常会直接嵌入产品名称，如"××护肤""××减肥""××美容养颜"等。这样做就需要谨慎些，因为护肤产品、减肥产品、美容美颜产品等都是特殊产品，用户对品牌的知名度、安全性要求很高，如果你的品牌是新品，没有太大的社会影响力和用户基础，直接以品牌名命名反而会令大多数用户望而生畏，有所抵触。

其实，不妨委婉一点，设计成知识性的名称，如"皮肤健康十问答""美容美颜知识小讲堂"等，目的就是通过为用户提供护肤、美容美颜的方法、技巧等，先获得用户的认可。然后再寻找适当的时机植入具有硬广告性质的关键字，用户接受起来会比较容易。

2. 地域 + 企业名称

如果是服务于本地的实体企业，则可以在昵称中加入地域，这样可以让本地用户更有亲切感。如"××吾悦广场""××影城""××广告公司"等。当然，如果目标客户没有地域限制，则不宜采用这种命名法，昵称中最好不要加地域标志。

3. 企业名称 + 行业

企业名称 + 行业，目的是让粉丝一眼就知道账号是干什么的。以便能更好地定位目标人群，寻找到目标客户。如"××教育""××月子会所""××酒店"等。

4. 限定词 + 行业

将涉及的企业背景、人物、产品、服务等，以描述、夸张或拟人的手法间接地表现出来，比如"川菜万大厨""××教练"等。

5. 与官网、微信、微博、QQ等同名

有很多抖音账号直接沿用了自己的微信、QQ或微博的账号，或者是这些账号的简单变形。这样的好处是便于用户加深对其账号的记忆，将粉丝引流到微信、QQ、微博等平台上。如抖音账号"麦当劳"沿用了自己的微信公众号昵称，后者是前者的汉语拼音。

通过设置昵称、头像等可以给实体企业账号贴上个性化标签，体现个性化的风格，延伸整体形象，强化企业、品牌在大众心目中的印象。同时，也有利于用户对账号的记忆、识别。

除了昵称和头像之外，实体企业对个性签名也要重视。尽量用一句话，准确概括账号定位，为观众提供确切的价值。此外，切记不可在个性签名上直接放上自己的微信号，如果这样做，很可能也会被抖音官方检测为营销号。可以在粉丝

有了一定基础之后，再在个性签名处放上自己企业的微信。

纵观那些火爆的、有着众多粉丝的账号，它们都有一个共同点——有识别度高的、醒目的昵称和头像。因此，对于实体企业来讲，必须重视账号的昵称、头像设置，并且按照一定的原则去做，针对性、指向性都要明确。只有通过合理命名抖音账号，实体企业才能够增加品牌的辨识度和用户的记忆度，提升抖音运营的效果。千万不可像一些个人主播那样，随心所欲，或完全按照自己的感觉、兴趣去设置，如用一些符号、数字或非主流的名称。这样一来，账号的价值将大大缩水，甚至毫无意义。

第04招 实体企业抖音账号的精准定位

实体企业中，负责抖音的营销人员最关心的是企业的抖音账号能否迅速吸引粉丝关注，快速涨粉。然而，往往事与愿违，很多账号涨粉很慢。涨粉慢，与账号定位不精准有密切关系。

一个抖音账号必须有明确的定位，没有定位粉丝就无法对其有明确的判断，以至于很难留有深刻的印象。当粉丝无法意识到账号存在的意义，也就失去了进一步关注、互动的欲望。

那么，如何做才能让自己企业的账号定位更精准，更有特色呢？最有效的方法就是在账号中嵌入与视频内容有关的关键词，具体可从以下两方面入手。

1. 在账号名称中植入关键词

"名字起得好，挣钱挣得早"这不是玩笑话，而是好名字的真实写照。粉丝搜索或关注一个抖音账号，首先想到的是它的名称，如果名称有特色，账号往往就很容易被记住。因此，拟写账号的名称很关键，能体现行业、企业、品牌或产品的特征。

为了体现这一特征，可以在账号名称中植入明确的关键词。比如提供婚礼策划服务的企业，账号中最好带有"婚礼""婚庆""婚姻"等关键词；提供培训服务的学校、网站、机构等，账号中要带有"培训"等关键词。

2. 认真编写个性签名

个性签名是抖音账号的重要组成部分，通常位于账号昵称下方，一般是几个词或一句话，概括实体企业的功能、特点或其他信息。总之就是写一段话让用户马上知道你是谁、你要干什么、你能提供什么价值和服务。

不要轻视个性签名的作用。搜索算法逻辑规则里，功能介绍的文字占有很大权重，把账号最想传递给粉丝的信息体现在个性签名里，便会提升抖音账号的搜索排名。例如，海底捞抖音账号的个性签名为"分享美食教程"。

个性签名还有一个作用，即可以弥补账号名称信息量少的不足。例如有些账号在名称上没有明确定位，表述比较模糊，这时就可以通过个性签名加以明确。

第 1 章 创建实体企业抖音账号 _ 011

第05招 快速搭建企业的抖音账号矩阵

实体企业做抖音营销仅靠单号运营是不够的，必须构建账号群。在这个全网时代，企业要争取的不只是某一个平台上的用户，而是多个平台上所有的用户。而且各平台上的用户之间具有一定的交互性，可以形成口碑效应。

"帆书"（原"樊登读书"）每周为用户更新一本书的精华解读，以音频、视频等方式满足多场景的学习需求，解决"没有时间读书、不知道读什么书、读书效率较低"的难题，在抖音上有很大的影响力，粉丝超过一亿。之所以能拥有如此多的粉丝，与其构建庞大的抖音矩阵账号有关。截至 2019 年，"樊登读书"已经在抖音上拥有众多个矩阵账号，如图 5-1 所示。

"樊登读书"抖音矩阵运营模式，就是通过大批量的复制账号，把内容复制变成账号复制，从而得到抖音流量红利，完成想要的目标。

"樊登读书"能够建立这么多账号，主要是因为其内容足够多，足够丰富。同时，还有重要的一点，就是其拥有上千个独立运营的授权点。全网的粉丝中，有很多账号来自授权点（或者叫 B 端）。这些授权点本身就是他们的运营中心，分布在全国各地，负责"樊登读书"的推广业务。

樊登
粉丝：844.7万
帆书（原樊登读书）创始人

樊登读书（现帆书app）
粉丝：953.2万
上海黄豆网络科技有限公司

樊登读书官方旗舰店
粉丝：369.4万
旗舰店账号

樊登读书育儿
粉丝：193.0万
上海黄豆网络科技有限公司官方账号

樊登读书荐书
粉丝：45.4万
上海黄豆网络科技有限公司

帆书APP（原樊登读书）
粉丝：156.7万
上海黄豆网络科技有限公司官方账号

樊登读书·主播创造营
粉丝：45.9万
抖音号：fandengdushuqjd

图5-1 部分"帆书"账号

因此，要想吸引更多用户关注自己的账号，让品牌和产品传播到更广的范围，就需要构建账号矩阵。即围绕抖音账号，在不同的平台上建立其他账号，或建立两个或多个抖音账号，并尽可能地让账号与账号之间建立多维式联系，最大限度地挖掘抖音账号的价值。

多维式是相对一维式而言的，是指从多个角度，多层面打造自己的账号矩阵。按照账号的定位、类型、功能，以及性质的不同，打造出不同体系的账号群。事实上，很多企业都是这么做的，接下来就阐释如何通过构建账号群实现多层面的抖音营销。

1. 多平台矩阵

多平台矩阵，是指在多个平台上同时开通账号，实现内容的同步推送，其示意图如图 5-2 所示。

2. 辐射型矩阵

辐射型矩阵，是指在一个平台上同时开通多个账号，实现内容的差异化运作，且所有内容都要围绕主账号进行，其模式如图 5-3 所示。

3. 互补型矩阵

互补型矩阵，是指按照内容类型、性质的不同，分别开通两个或多个功能不同的账号，以实现内容上的互补，其模式如图 5-4 所示。

4. 链条式矩阵

链条式矩阵，是指先确定一条主线，然后以主线为基础，建立多个账号。其实，这也是一种"主账号＋分账号"的模式。但与辐射性矩阵不同的是，链条式矩阵下的分账号之间可能存在交叉和重复，而辐射性矩阵下的分账号相互之间是相对独立的，其模式如图 5-5 所示。

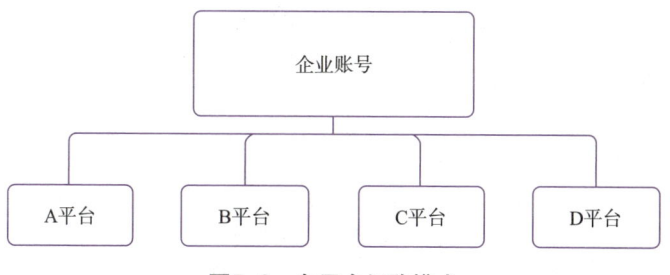

图5-2 多平台矩阵模式

图5-3 辐射型矩阵模式

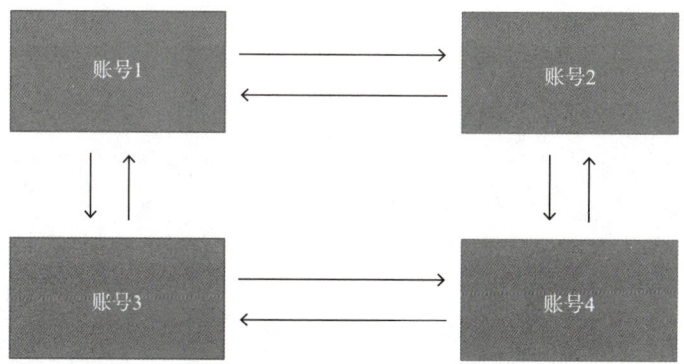

图5-4 互补型矩阵模式

图5-5 链条式矩阵模式

对上述四种账号矩阵模式进行总结，可以发现他们各自特点鲜明，极具特色。不过，在操作实践中还需要根据企业、产品的实际情况甄别选择。选择参考如表5-1所列。

表5-1　抖音账号矩阵模式总表

矩阵模式	适用范围	隶属关系
多平台矩阵	适用范围较广，大部分业务类型的企业都适合	无
辐射型矩阵	业务类型较单一，产品品种较少，相互之间又没有过多联系的企业	有
互补型矩阵	业务类型较单一，产品品种较少，相互之间联系较密切的企业	无
链条式矩阵	业务类型较复杂，产品品种较多，相互之间又没有过多联系的企业	有

第06招 寻找同行业对标账号

在实体企业运营抖音时，寻找同行业对标账号并向其学习是一种有效的方法。

寻找同行业对标账号首先需要进行一定的市场调研和分析。企业可以通过抖音平台的搜索功能，输入相关的关键词或行业名称，寻找与自身业务或产品相关的账号。此外，还可以借助其他工具和资源，如行业报告、竞争对手的官方账号等，来发现同行业的其他对标账号。

在寻找到同行业对标账号后，实体企业可以着重分析以下几个方面。

（1）内容创作：关注对标账号的内容创作方式和风格，观察他们发布的视频内容、短视频形式以及评价互动。学习他们在内容创作上的创新点、故事叙述方式、画面编排等，以提升自己的内容质量和用户体验。

（2）策略和互动：关注对标账号的营销策略和互动方式。了解他们与用户的互动频率、回复方式，学习他们在用户评论和留言上的策略和技巧，以促进自身与用户之间的互动和关系建立。

（3）数据分析：关注对标账号的数据分析，了解他们的粉丝增长趋势、视频播放量、用户互动等数据指标。借鉴他们的数据分析方法和工具，以更好地了解自己的目标受众，优化运营策略。

（4）品牌形象：关注对标实体企业抖音账号的品牌形象和传播方式。学习他们如何在短视频中展示品牌特点、塑造品牌形象，了解他们的品牌故事和核心价值观，以提升自身品牌的知名度和认可度。需要注意的是，向对标账号学习并不意味着直接模仿或抄袭他们的内容和策略。企业应该根据自身的特点和目标受众进行创新和调整，将学习到的经验和方法与自身实际情况相结合，形成适合自己的抖音运营策略。

总之，在实体企业运营抖音时，通过关注对标账号的内容创作、营销策略、互动情况、数据表现以及品牌形象，企业可以从中汲取灵感和经验，为自身的抖音运营提供有益的启发和指导。

第 07 招　分析抖音大号的内容特点

实体企业抖音大号之所以能被粉丝广为关注，最核心的原因是它提供了大多数普通实体企业账号所没有的内容。因此，分析抖音账号就是分析这些大号中的内容特点。

它们无一例外都有这样几个特点：**第一，不局限于广告；第二，稀奇、新鲜，满足粉丝的好奇心；第三，能满足粉丝学习知识的需求。**

抖音上有很多专门为抖友提供新奇、脑洞大开的知识的账号。知识本就十分容易激发大多数人的好奇心，不仅满足人们天生渴望对所在环境变化的认知需求，还能给人们提供日常社交的谈资。人们在日常社交的时候，最重要的是寻找话题，而这些脑洞大开的知识，不仅很容易成为谈资，还能体现优越感。

第08招 了解抖音核心算法及推荐机制

抖音是由北京字节跳动科技有限公司孵化的音乐创意短视频社交软件。提到字节跳动这家公司，从业者们往往喜欢把它形容为 AI 公司。言外之意，这家公司的核心竞争力是算法技术，这项技术让抖音具备了很强的行业优势。

实体企业做抖音营销最重要的一个方面就是内容，只有高质量的内容才会真正留住粉丝，带来流量。在做抖音内容之前，需要彻底了解抖音平台的内容推荐机制，以做到知己知彼，灵活应对。

抖音平台在内容推荐上有自己的一套完善机制，从而保证了高质量的内容输出，这也是抖音在短期内火爆起来的主要原因。抖音平台的内容推荐是一套很复杂的机制，对于做企业抖音营销的运营人员而言不必全部搞懂，只需要搞清楚三个核心问题即可，如图 8-1 所示。

图8-1 对抖音平台应该了解的三个核心问题

1. 抖音上的主流内容

抖音的宗旨是"记录美好生活"。这样的定位从整体上明确了内容的性质，即要符合社会主义核心价值观，积极弘扬正能量。有了这样一个基础定位后，企业短视频运营人员或其他发布者的每一条视频都必须符合这个原则，不能宣传迷信、色情、消极，以及危害国家、社会和人民的内容。

2. 抖音内容推荐机制和算法

企业想要收获大批量粉丝，首先得保证视频内容有足够的曝光度，而提高视频曝光度的一个关键方法就是被官方推荐。

那么，如何提高短视频被官方推荐的概率呢？这就需要充分了解抖音平台内容推荐机制与算法。

抖音对内容的推荐实行的是一种漏斗机制，漏斗机制是指从用户发布第一个视频开始，平台算法就开始运行，经过不断筛选，层层筛选，最终留下符合推荐标准的视频。抖音推荐漏斗机制，它可以分为三个步骤，如图8-2所示。

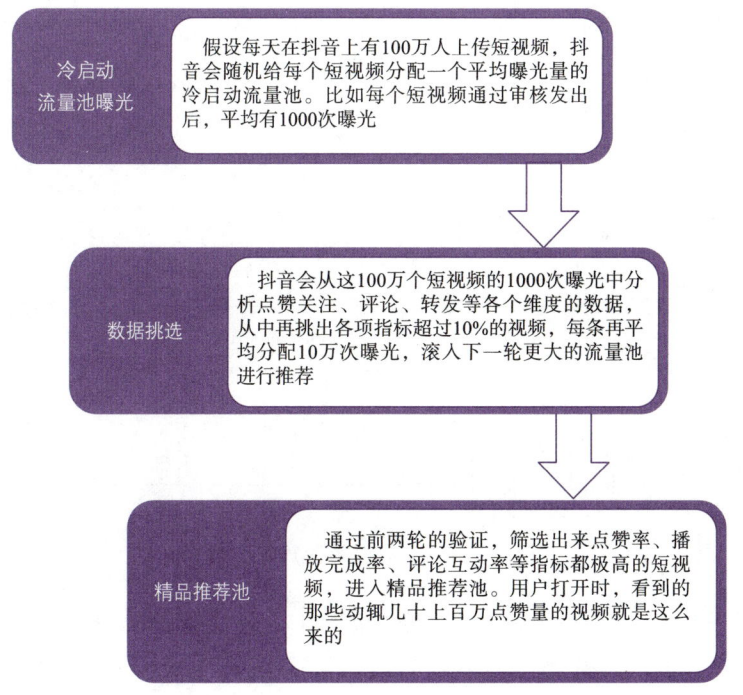

图8-2 抖音推荐漏斗机制

这套机制依靠一系列复杂的算法运行，算法是任何平台必不可少的，百度有百度的算法，微信有微信的算法，头条有头条的算法，抖音也有抖音的算法。因此必须同时了解抖音的推荐算法，即要知道这个机制是如何形成的。具体算法逻辑如图8-3所示。

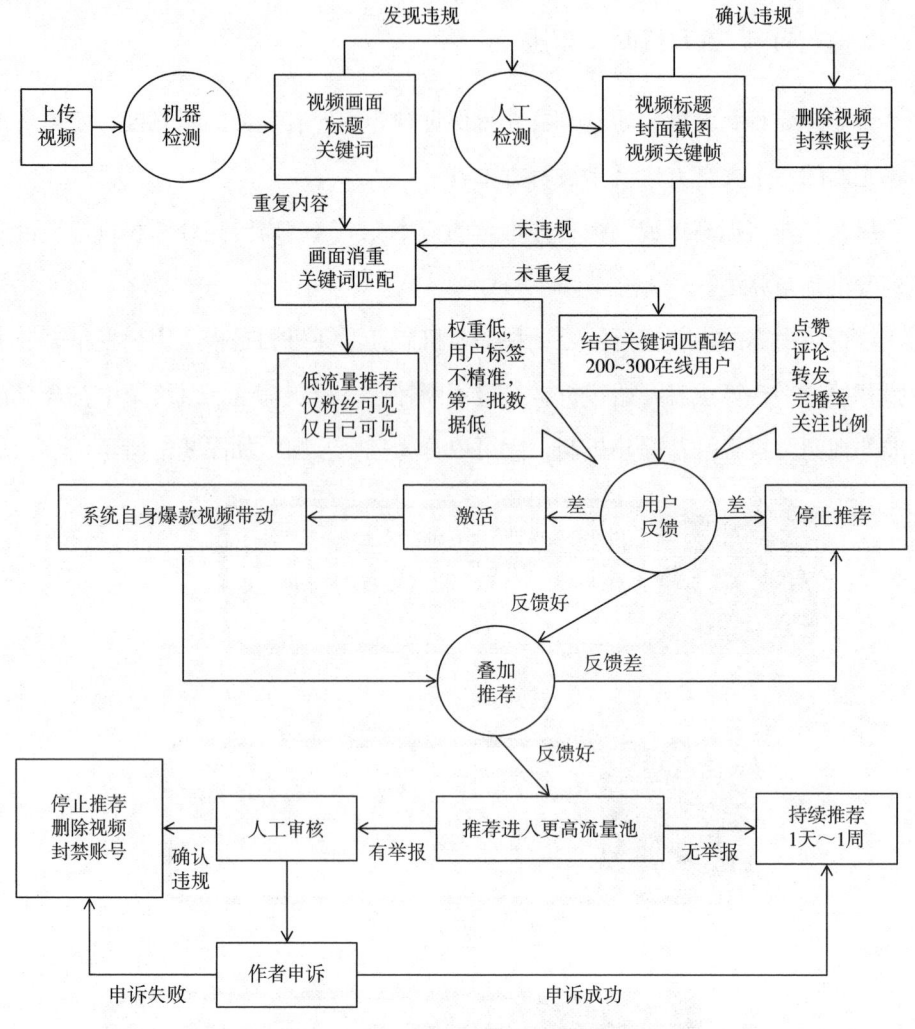

图8-3 抖音短视频推荐算法示意图

需要注意的是，视频的封面和标题会影响到具体算法：如果是违规视频将被人工检测并拒绝；如果是重复的内容，画面将被消重，关键词将被匹配。

实体企业运营人员掌握了抖音算法，也就掌控了精准流量的入口，让企业不再缺少精准客户。哪怕没有任何名气，没有一个粉丝，完全零流量，也可以在很短的时间内打造出一个大号。因为只要我们发布了视频,平台都会自动分配精准流量给我们,助我们提高曝光度和关注度。

3. 抖音内容推荐的衡量指标

掌握了内容推荐的机制和算法,这是在理论上具备了被推荐的可能性,并不等于一定会被推荐。要想提高被推荐概率,还需要明确有哪些衡量指标,也就是说,要知道官方是如何评判我们发布的内容的。

抖音算法是一套评判机制,这套机制会通过一些类指标来衡量内容,看内容是否符合被推荐的标准。具体的衡量指标有五个,如图8-4所示。

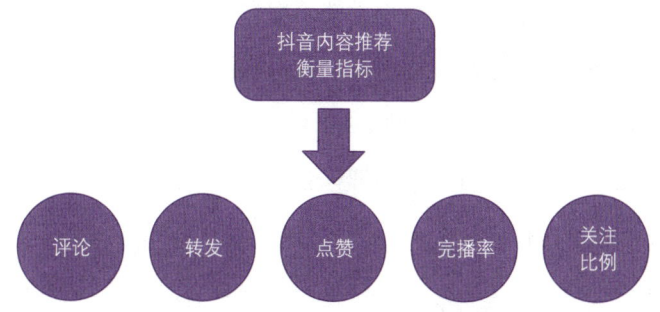

图8-4 抖音内容推荐的衡量指标

因此,企业所发视频想要获得推荐,就必须在视频发出之后,发动所有资源来提升这五个指标,并在视频描述里,尽可能地引导粉丝完成点赞、评论、转发或看完视频。

第09招 提升企业账号的权重

企业抖音账号能否快速涨粉，很大程度上取决于能否上热门，而能否上热门又与权重有着密切的关系。权重，在数据分析领域非常常见，那么抖音账号的权重是怎样计算的呢？

抖音官方对账号权重的算法是这样规定的：决定一个账号初始权重的是前五个视频作品，这五个视频获得的用户反馈数据越高，初始权重也就越高。

通常来讲，新账号发布视频相较于老账号来说，更容易受到系统青睐，更容易获得被推荐的机会。所以对于新账号来说，一定要加倍重视初期发布的视频，在内容题材、质量上都要进行严格的把关。

一个新抖音账号，在前五个视频的初始权重确定之后，影响账号后续权重的主要因素有四个，如图9-1所示。这四个因素的重要性从高到低为播放量（完播率）、点赞、评论、转发。

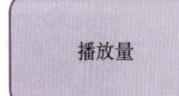   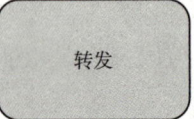

图9-1　影响抖音账号后续权重的四个因素

在短视频成功发布之后，系统会根据账号当前的权重推荐给一小部分用户，如果用户完整看完整条视频，那么，系统就会标记1个播放量。这也是为什么要强调前五个视频的重要原因，因为它决定着账号的初始权重。

然后，系统会根据剩下三个因素的具体数据，综合起来计算，最后得出本条视频的质量，如果达到甚至高于系统设定的标准，就会被视为优质内容，系统就会给予多重的流量推送，上热门，该视频也会得到更多的曝光，那么，这也意味着完成了一个视频的被推荐过程。

第10招 正确认识"养号"

对于实体企业抖音营销新手来讲,注册账号后不要急于发布短视频,而是先"养号",所谓养号就是给账号定位并建立账号垂直度。其实,养号的过程就是给账号定位的过程,这也保证了自己的企业账号能在千千万万个账号中脱颖而出。在具体的操作上,有四个技巧,如图10-1所示。

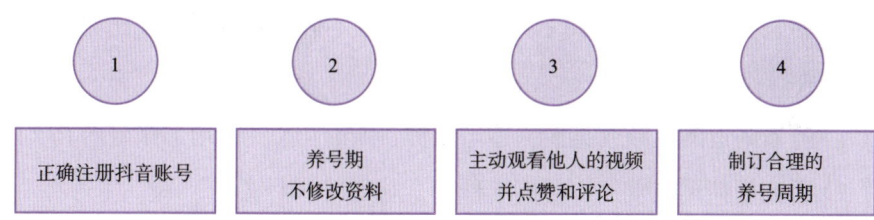

图10-1 实体企业常用的四个养号技巧

1. 正确注册抖音账号

实体企业抖音账号的注册方式有多种,可以用自己企业的头条号、QQ号、微信号、手机号、微博号五种方式。一般来讲,为便于日后的操作,用得最多的是手机号,并绑定企业头条号。需要提醒的是,在注册账号的过程中,注册时用的手机、手机号码、申请账号要一一对应,也就是说要保证一机一卡一账号。

2. 养号期不修改资料

为什么在养号期间不建议修改资料呢?因为这样做很容易被官方判定为营销号,影响后期的流量。这个细节很容易被忽略,因为大部分企业一注册完抖音账号,就会频繁修改资料,甚至把营销关键字添加到资料中。

3. 主动观看他人的视频并点赞和评论

在养号期间，作为企业新账号要主动浏览他人的视频，然后点赞、评论，尤其要关注高流量视频。需要注意的是，在浏览时不是看看就完事，有以下六个要点需要格外重视。

（1）有意识地去观看与自己企业所从事的行业相匹配的视频，目的是利用抖音官方的推荐机制，让官方为自己企业的账号打相应的标签，更有利于后期账号的培养，以及权重的提升。

（2）观看时一定要保证完播率，也就是尽量看完一个视频后再下滑。

（3）时长最好控制在一小时以内，并且要在不同时间段浏览，比如上午半个小时，下午半个小时。

（4）查看附近的视频或直播，适当点赞、评论、关注，增加账号的真实性。

（5）看完视频再点赞，切勿连续秒赞，避免操作无效。

（6）尽量根据视频内容评论，不要写与视频内容无关的东西。

4. 制订合理的养号周期

养号到底需要多久？我们经过大量的数据分析，总结出了一个规律：养号周期一般为3～5天，最佳时长是7天。

第11招 作品更新时间及发布技巧

实体企业抖音短视频发布时间的选择对账号权重的提升有很大影响，因为抖音用户的活跃时间是有明显规律的。统计显示，16～22点是用户活跃度较高的时段，在这个区间内优质的内容能够即时得到精准标签用户的反馈，上热门的机会更大。因此，目前很多企业大号将发布时间集中在16～22点。

抖音短视频的推荐算法通常是根据总视频所获得的前1000个点赞量与转发量进行计算。也就是说，在这个推荐量范围内，某个短视频播放、转发、点赞量比例较高的话，系统会对应地推送下一批流量给你。所以，前1000个推荐量内的点赞量很关键。因此，卡好短视频发布的时间，在高峰期发布短视频能够有效地提升视频权重，以及上热门的机会。

另外，有的账号反其道行之，选择错开高峰期发布。这是为了避免大量的短视频同时发布，从而造成内容扎堆。要知道，抖音活跃用户是存在上限的，如果推荐量1000万，同一时间有10个好作品被系统推，与同一时间有100个好作品被系统推，明显前者获得的曝光更多。

因此，很多有经验的运营人员会选择错峰发布，在作品不多的时候，提前或者延后半个或一个小时，让自己的内容获得更好的数据，或者进入更多的推荐池中。

另外，还有两条发布技巧需要注意。

1. 根据热点事件发布作品

如果企业新作品是热点类内容，那就不需要考虑发布时间，越早发布越好。

2. 根据直播计划发布作品

如果企业有直播计划，短视频作品更新的时间最好安排在直播前 1～2 小时发布，这样可以为直播间引流。

关于作品更新频率，给新入驻抖音的企业的建议：一天或者两天更新一条视频，如果创作能力较强，一天内可更新 2～3 条视频。具体几天更新一次作品，要根据账号具体情况来定。

第12招 企业账号认证的特殊标志：蓝V

抖音已经是很多品牌进行短视频内容营销的前沿阵地，而运营企业号是企业在抖音做营销的第一环，通过精细化的运营，运营者可以在抖音平台获取大量流量，配合营销节点进行广告投放等商业合作。

为了企业更好地运营抖音账号，抖音官方开通了蓝V认证。抖音蓝V，也叫企业号，是专门针对企业用户的一种账号。企业号能够帮助企业传递业务信息，与用户建立互动。抖音蓝V就是企业在抖音平台认证的身份信息，认证后的企业可使用官方身份，通过内容发布、用户互动、营销组件等多种形式打造品牌传播主阵地。

可见，开通蓝V认证对企业而言有很多优势，可以拥有多项独有的权益，实体企业要想做好抖音营销，首先应该通过这个认证。那么，蓝V认证用户具体拥有哪些权益呢？集中体现在以下五个方面，如表12-1所列。

表12-1 企业蓝V认证后所拥有的权利

权利	具体内容
头像加盖企业官方认证标识	获得企业认证账号头像的官方认证标识，可大大彰显企业身份，也可以作为平台上的权威信用背书
昵称搜索置顶，昵称进行唯一性锁定	让你的账号昵称优先展示给粉丝，并获得有别于普通账号的显示
自定义主页头图	自定义主页头图，确保用户抵达品牌主页时获得更加直观的品牌第一印象
视频可同步多个平台	多平台同步，可与今日头条、抖音火山版小视频平台同步认证
享受平台其他服务	获得更多抖音平台的专业推广服务

其中，抖音平台的专业推广服务又包括以下四条。

1. 视频置顶服务

可以对重点推荐内容进行二次"加热",带来更多曝光。

2. 链接跳转服务

链接和其他宣传内容都可以挂上,为实体企业品牌或产品呈现提供更多展示机会,提高访问量。

3. 销售转化服务

赋予每一个行业垂直转化组件,便于实现"营销+传播+转化"行为。

4. 营销洞察

热点内容、视频数据、评论口碑尽在掌握,专业洞察工具赋能实体企业高效营销。这些权益足以保证用户的营销需求,从而形成新的营销闭环。

举个例子,假如一个本地餐饮企业拥有了蓝V认证,它可以在发布的内容中附上自己门店的具体地址,可以通过导航软件给门店导流。假如其他软件在抖音拥有蓝V认证,可以直接加入此软件的下载链接,这会大大提升软件的跳转率和下载率。

通过以上分析可以发现,蓝V账号优势非常大。但蓝V账号有一个非常明显的缺点:每当我们看到蓝V标识时,会自然联想到广告账号。大家有一个潜意识——蓝V账号等于广告账号。抖音是一个泛娱乐化的平台,没人想关注广告账号,这就造成了蓝V账号涨粉难、点赞低的现象,就算账号可以发布广告不被限流,但广告的互动率太低,同样获得不了推荐,还是一样没有流量。

所以,即使认证了蓝V账号,实体企业也不能以发广告的心态来运营,要像普通账号一样,弱化广告和销售行为。而专项的直播带货类账号,则需要蓝V认证,来确保账号平时更新的广告类内容,不会被过度限流。

蓝 V 账号优点在于功能，缺点在于印象。如果企业是实体门店、商铺或直播带货类专项账号，需要开通蓝 V 认证，相关功能非常有针对性，如若是其他类型账号，则蓝 V 认证的作用并不明显。

第13招 巧用"DOU+"助力推广

"DOU+"是抖音上用来推广短视频的收费功能，也是抖音官方推出的一个广告投放平台，以帮助实体企业把短视频推荐给更多的粉丝，提高短视频的播放量与互动量。

"DOU+"的操作非常简单，具体如下。

（1）打开任意一个发布的视频，在视频播放界面点击"…"按钮。

（2）点击"上热门"按钮。

（3）接着进入生成订单界面，选择好"我想要"的项目。

（4）运营者也可以自主选择推荐短视频的用户，点击"自定义定向投放"。下方会出现几个选项，性别、年龄以及区域。

（5）选择完毕，点击"支付"就可以了。

然而，需要注意的是，"DOU+"功能虽然操作简单，但并不意味着轻轻松松就能用好它。例如，很多实体企业运营者尽管进行了付费，但实际效果往往不好，而且越到后期感觉效果越差。这是因为他们只知道，"DOU+"是一种针对流量的变现工具，只看到了介绍的每100元可增加5000的曝光量，盲目地购买流量推荐，进行付费推广，但没有真正意义上透彻地去了解它。

那么，应该如何正确使用"DOU+"呢？可以从以下三个方面做起。

1. 试投

企业先拿出一个产品进行测试，拍几个高质量短视频并在抖音上发布。先不要做任何包装，直接推100元钱的"DOU+"自定义，看能带来多少价值。然后，确定自定义定向投放对象，其中，年龄、地域和兴趣根据需要进行选择。例如，企业主销护肤品就可以指定 18～23 岁或 24～40 岁的女性。

2. 定义账号属性

需要明确定义实体企业账号属性，是直销卖货、辅助带货，还是仅仅宣传推广产品或品牌。这样做是便于短视频被推荐到同类视频中。

3. 包装账号

从昵称、头像、主页背景、个性签名等方面进行包装，这个在前四招中已经详细讲到了。如果还是不知道怎样进行包装，也可以参照抖音上同行的做法。

第14招 避免企业抖音账号运营的雷区

很多实体企业账号好不容易获得几万粉丝，结果被封号了，更苦恼的是，自己压根不知道为什么。由于短视频的迅速发展，也为了给广大用户营造一个健康、和谐、开放、友爱的生活分享空间，抖音平台对账号的管控和短视频内容的审查越来越严格。例如，2019年7月，抖音平台就累计清理79460条视频、62356个音频、永久封禁51687个账号。

因此，实体企业的抖音运营者必须明确哪些内容不能发，哪些行为不能做，红线一旦触碰面临的可能就是封号，即使不封号也可能会有被限流、降权、屏蔽部分功能等不利影响，那该号也等于是废号了。

那么，抖音上有哪些红线不能碰呢？主要有以下六条，如图14-1所示。

买量	频繁留微信号	频繁发布质量不高的短视频
发布负面内容	广告属性太强	批量删除或隐藏视频

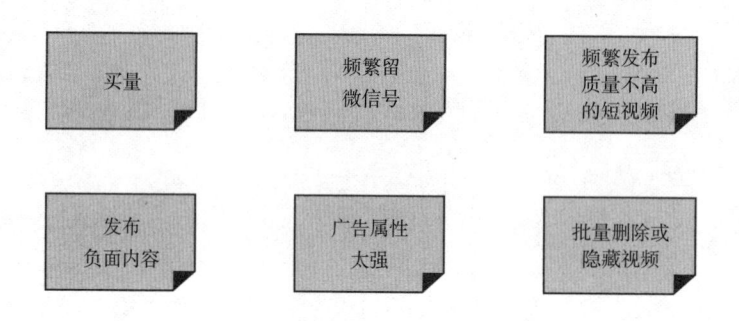

图14-1 抖音不能碰的六条红线

1. 买量

任何买量，不管是买赞、买评论、买播放量、买粉，其实都属于机器操作。抖音平台有严格的系统检测，任何买量行为都会被检测出来，只是时间的问题。轻则限流、账号重置，重则直接封号。

2. 频繁留微信号

谨慎添加微信号！包括在评论、私聊里频繁、重复留微信号，都容易导致降权限流。严重的话，可能会被系统警告和封号。

当然，"频繁"这个词，很难具体去界定。怎样才算频繁？其实留几次算是频繁平台没有明确的规定。在这里，几次不是讨论的重点，而是应该尽量避免。

3. 频繁发布质量不高的视频

正常发布短视频通常是一天 1～2 条，频繁发布会被平台判定为营销号，影响账号的权重。另外，实体企业需要特别注意，发布的内容质量要高，无台词、无主题、无人物、无声音、无吸引点的内容，要避免发，否则也会影响账号权重。

4. 发布负面内容

抖音平台一直鼓励用户传播向上、向善的社会正能量。消极、负面的短视频一是容易被用户举报，二是不能获得好的自然流量。负面内容包括消极言论、负面导向等。

另外，有一点应该注意，负面内容不仅仅是短视频内容，还包括账号昵称、抖音号、个性签名、视频描述、文案、私信、评论等。凡是能够添加的关键词，对这些位置的文字，抖音会有专门的审核系统，如果具有负面性，账号会被降权、降级，平时上万的基础推荐很可能直接变成几百，甚至零推荐。

5. 广告性太强

打广告，本质目的其实就两个——引流和变现。对于抖音来说，自己花费巨额资金从其他平台引流来的用户，被你通过广告轻轻松松拉到微信、QQ 等渠道里面，当然不被允许。

6. 批量删除或隐藏视频

虽然批量删除视频和隐藏视频，不会有账号违规、重置或封号的风险，但是这样的非正常操作，容易导致企业账号降权，播放量直线下降。

这也是为什么很多企业说自己的账号刚开始播放量都在几万左右，但是突然某一个时间过后，播放量只有几千、几百。如果你的企业短视频播放量异常，很有可能就是账号被限流、降权了。

以上六条红线千万不能触碰。因为一旦触碰，会面临降权、账号重置的风险，严重者直接封号，导致之前所做的努力全部付诸东流。

第15招 巧用抖音小店橱窗

实体企业开通抖音小店的选项有普通店铺、旗舰店、专卖店、专营店，应该怎样选择呢？

如果没有商标，直接选择普通店铺即可。普通店铺开店时无须品牌资质要求。但部分类目创建商品时，需提供品牌相关资质：比如美妆护肤品、3C产品等，都是需要提供相关资质。

如果有商标，可以直接选择专营店。专营店指经营两个及以上品牌的店铺；完成入驻后仅可修改为旗舰店，不支持修改为其他店铺类型。专卖店指经营一个品牌的店铺；完成入驻后仅可修改为旗舰店，不支持修改为其他店铺类型。

实体企业在抖音平台开设小店后，为了吸引更多的消费者，需要把商品添加到橱窗中展示，那么怎样添加商品到橱窗中呢？下面我们来详细介绍。

1. 了解抖音平台的橱窗功能

橱窗是抖音小店内用于展示商品的区域，它在用户打开小店后就第一时间呈现出来，扮演着极为重要的宣传作用。而将商品添加到橱窗中，即是让它展示在小店首页上，让消费者一览无遗。

2. 添加商品到橱窗中的方法

实体企业可以采用两种方法将商品添加到橱窗中：一是手动添加，二是自动添加。

（1）**手动添加商品**：在"我的小店"中找到"橱窗"页面，点击"添加商品"按钮，选中要添加到橱窗的商品，点击"确定"。此时，该商品即会出现在橱窗的商品列表中，如果需要调整商品顺序，点击"排序"，便可以随意拖动进行排列。

（2）自动添加商品：当企业开启"自动上橱窗"时，系统便会根据小店中的浏览记录等数据，自动将较受消费者欢迎的商品推送到橱窗中，起到一定的宣传作用。需要注意的是，开启"自动上橱窗"后，企业还需对橱窗中的商品手动进行排序、剔除或者添加。

3. 添加商品到橱窗中的注意事项

（1）商品需符合抖音平台的规则和标准，如有违规内容，将会被平台下架。

（2）对于已经添加的商品，一定要及时更新价格、库存、促销活动等信息，让消费者看到最新、最全的信息。

（3）根据消费者的喜好、购买习惯及时更新橱窗商品，保持用户的兴趣，增加商品的销售量。

4. 添加商品到橱窗中的优势

（1）**提高展示率**：橱窗在抖音小店页面的位置非常显眼，可以提升商品的展示率，让消费者更容易发现商品。

（2）**增加销售机会**：橱窗中的商品通常是实体企业的优质产品，能够引导用户浏览，从而提高货品销售量。

（3）**优化实体企业形象**：展现出企业的专业度和诚信度，为企业的品牌形象带来不小的提升。

以上就是实体企业巧用抖音小店橱窗的方法及优势介绍，当然不仅仅是添加到橱窗中，企业还需通过各种营销手段，让自己的商品受到消费者欢迎，从而提高企业的销售业绩。

第16招 巧用"抖音来客":商家一站式经营平台

"抖音来客"是面向生活服务类商家的经营平台,全面覆盖商家阵地经营、内容经营与流量经营等多层次需求。商家入驻后可以在这里进行发布门店认领、团购商品上架管理、营销推广、核销提现、获取经营数据等操作,实现线上线下交易闭环。同时"抖音来客"打通了抖音内容平台,商家可一键绑定抖音账号,通过短视频、直播等内容对商品进行展示,高效触达用户。

在抖音来客中,商家可以通过"认领门店"和"资质认证"来关联自己的店铺信息,产品功能主要包括三个方面。

首先,在经营侧有一个对应的"门店经营"栏,包括五个部分:店铺管理、商品管理、订单管理、财务管理和数据分析。功能相对完整。其中,商家更关心的"评价"可以通过店铺管理功能直接实现,而在线下功能中,商家可以直接输入券码验券、扫描验券,销售明细和核销明细等都可以通过"来客"的订单管理,完成团购用户的消费。

其次,在内容上,抖音来客分为两部分:一部分是商家自身店铺账号的直播和视频管理,另一部分是通过达人带货。在"达人带货"中,商家有权设立通用佣金和定向佣金,通过佣金吸引达人和用户拍摄店铺探店视频,直接影响店铺的人气和销量。

最后,还有一个主要功能是数据功能,它分为门店数据和营销数据。目前支持30天内的主页访问、核销订单和支付订单金额数据,使商家能够清晰直观地了解店铺,以及内容、投放和转化等数据。

简单来说,实体企业商家入驻抖音来客后,可以获得更多的店铺曝光。现在是流量时代,只有更多的曝光才能带来更多的流量和交易。

下面我们来讲一下,如何利用抖音来客获得更好的经营效果?

1. 哪些行为可以帮助商家获得更好的经营效果

（1）发布团购商品是商家经营的前提。

（2）通过"管理门店信息""门店装修""抖音号装修""管理评价信息"等可以让用户更了解商家的门店及企业。

（3）通过短视频、直播、达人合作、平台活动等帮助商家推广团购商品，获得更好的经营效果。

（4）为下单用户提供优质的履约服务是提升商家口碑的核心方式。

2. 如何管理门店信息

（1）门店信息管理的作用：门店信息包含门店名称、地址、营业状态、营业时间、联系电话、门店资质等门店基础信息，展示有效的门店信息有助于建立用户与商家的联系，包括到店消费。

（2）门店信息管理操作流程：第一步，登录抖音来客网页，点击"店铺管理"→"门店管理"，进入操作页面；第二步，点击"详情"→"门店信息"，可对门店信息进行修改。

当前，门店管理中可以针对门店补充资质信息（亮照），支持针对单个门店提交资质，也支持批量亮照。

3. 店铺资质及经营类目管理

（1）资质中心功能：商家登录抖音来客电脑版，点击"店铺管理"→"资质中心"，可以在这里查看、编辑商家的资质信息、品牌信息、合同协议。但是，当前仅商家主账号登录可以查看及修改资质信息。

（2）修改资质信息及经营类目：

①在资质中心页面，点击左上角"当前门店"切换到需要修改资质的门店、公司。

②主体资质中点击"编辑"可以补充及修改公司信息及法人信息。

③行业信息中点击"编辑"可以增加及修改门店的经营类目。

④品牌资质中可以新增品牌信息。

⑤合同协议中可以查看商户签订的合同及协议,如《软件服务费返还协议》等。

⑥连锁资质中可以补充商家连锁信息,生效后可以按规则认领连锁门店。

需要注意的是,发布团购商品时,商品经营类目需要与门店经营类目一致;选择的商品类目超出某个门店经营类目范围时,该门店无法作为适用门店,在这里补充经营类目后可适用。

第2章

实体企业抖音短视频：策划与创意

第17招 建立自己的素材库

行军打仗讲究的是"兵马未动，粮草先行"，实体企业做抖音营销也一样，想要源源不断地为粉丝提供有价值的内容，就必须注重平时的积累，搜集素材。素材就好比军队中的粮草，没有充足的粮草支撑整个军队，后面的战术纵使再高超也只能是纸上谈兵。

那么，如何有效地搜集素材呢？可从以下三个方面入手。

1. 建立素材库

企业号想要保持持续稳定的内容输出，工作量和工作强度都非常大。如果只是靠灵感或者临时查找资料，做一期更新一期，那是远远不够的。做抖音短视频，速度要快、内容要准，平时如果有素材积累，制作起来就会比较快速和简单。因此，企业建立自己的短视频素材库非常有必要。那么，具体应该搜集哪些素材呢？主要有以下四类，如表17-1所列。

表17-1 素材搜集的类型

素材类型	素材内容
新闻	新闻是制作企业热点视频的主要灵感来源。头条号、搜狐、网易、微博这类大的热门网站，每天都会以最快时间发布热点新闻。即使一些新闻不是热点，也要搜集起来，作为素材积累
小故事	故事能很好地避免强广告性。但讲故事必须有创意，粉丝们早已厌烦陈词滥调的说教文，所以，小故事更要注意收集日常素材，不管是网上流传的，还是发生在自己身边的真人真事
影视剧桥段	关注热门和经典的电影、电视剧，搜集其中比较经典的剧情。这对做剧情演绎的企业短视频账号很有帮助
创意段子	段子不是一下子就能想出来的，所以平常要注意段子的收集，以备制作视频使用

建立素材库的目的是在短视频发布前，可对内容进行选择、定位，发布最适合用户需求的内容。建立素材库的第一步就是搜集素材，搜集素材是建立素材库

的基础，没有足够的素材支撑，素材库也就是一座空库。

2. 筛选素材

在做好素材搜集后，需要结合用户需求再次筛选，确定范围和标准。通常，发布视频是为了吸引用户的注意力以增加用户的黏性，适当体现品牌的价值。不同的素材有不同的特性，可以根据具体的实际来筛选合适的素材。

例如发布一个关于面膜的视频，运营人员就需要准备以下四方面的素材：产品介绍、相关知识介绍、销售或促销活动介绍、使用体验分享，如图17-1所示。

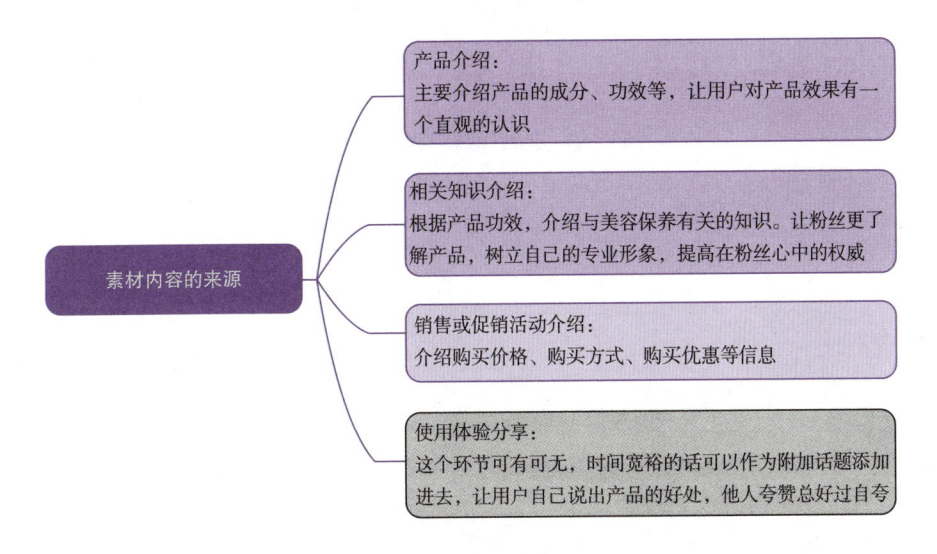

```
素材内容的来源 ─┬─ 产品介绍：
              │   主要介绍产品的成分、功效等，让用户对产品效果有一
              │   个直观的认识
              │
              ├─ 相关知识介绍：
              │   根据产品功效，介绍与美容保养有关的知识。让粉丝更了
              │   解产品，树立自己的专业形象，提高在粉丝心中的权威
              │
              ├─ 销售或促销活动介绍：
              │   介绍购买价格、购买方式、购买优惠等信息
              │
              └─ 使用体验分享：
                  这个环节可有可无，时间宽裕的话可以作为附加话题添加
                  进去，让用户自己说出产品的好处，他人夸赞总好过自夸
```

图17-1　抖音视频内容素材的来源

3. 定位内容

对内容进行定位需要结合品牌进行，也就是要突出品牌的特点和优势，用几个关键词精简地表达出来。例如，品牌调性是"年轻无极限，给爱挑战生活、向往自由的你一片属于自己的天空"，那么品牌调性关键词就是"年轻""挑战""自由"等。视频内容在风格上面就应该展示一个青春有活力的形象，而在内容选取上就要适当地倾向于一些积极向上的内容。通常来讲，可以按照以下四个原则进行定位，如图17-2所示。

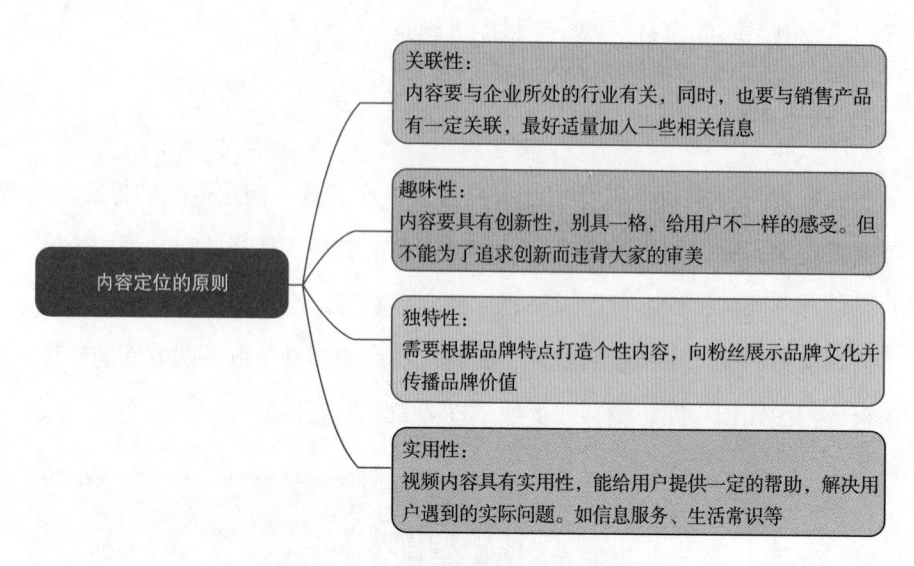

```
                         ┌─────────────────────────────────────┐
                         │ 关联性：                            │
                      ┌──│ 内容要与企业所处的行业有关，同时，  │
                      │  │ 也要与销售产品有一定关联，最好适量  │
                      │  │ 加入一些相关信息                    │
                      │  └─────────────────────────────────────┘
                      │  ┌─────────────────────────────────────┐
                      │  │ 趣味性：                            │
                      ├──│ 内容要具有创新性，别具一格，给用户  │
                      │  │ 不一样的感受。但不能为了追求创新而  │
 ┌──────────────┐     │  │ 违背大家的审美                      │
 │ 内容定位的原则│─────┤  └─────────────────────────────────────┘
 └──────────────┘     │  ┌─────────────────────────────────────┐
                      │  │ 独特性：                            │
                      ├──│ 需要根据品牌特点打造个性内容，向粉  │
                      │  │ 丝展示品牌文化并传播品牌价值        │
                      │  └─────────────────────────────────────┘
                      │  ┌─────────────────────────────────────┐
                      │  │ 实用性：                            │
                      └──│ 视频内容具有实用性，能给用户提供一  │
                         │ 定的帮助，解决用户遇到的实际问题。  │
                         │ 如信息服务、生活常识等              │
                         └─────────────────────────────────────┘
```

图17-2　抖音视频内容定位的原则

第18招 短视频策划的五大步骤

实体企业策划短视频需经历的五大步骤，如图18-1所示。

确定选题 → 策划脚本 → 视频拍摄 → 后期制作 → 上线投放

图18-1　五大步骤

对于实体企业来讲，几乎所有选题的短视频都会经历这五大步骤。

> **确定选题：** 明确视频要讲的主要内容，以及核心的主题思想。
>
> **撰写脚本：** 为选题撰写详细的视频脚本，用具体文字和画面描述选题内容。脚本相当于视频所有内容的原型设计图。
>
> **视频拍摄：** 用镜头语言和拍摄技巧实现脚本内容。
>
> **后期制作：** 每一条短视频在拍摄完成后，都要进行后期制作，而短视频的后期制作主要围绕特效、字幕和调色展开。
>
> **上线投放：** 在抖音平台对作品进行最后的编辑与归类，选择合适的发布时机，就可以让更多用户看到视频作品了。

这五大步骤非常关键，其中关于上线投放的技巧，我们在第一章"第11招作品更新时间及发布技巧"中已经为大家讲解过了。而"确定选题""策划脚本""视频拍摄""后期制作"，我们会在本章节以及随后的章节中为大家逐个讲述相关应用技巧和知识。

我们先来了解一下什么是短视频选题。

任何一个能够被称作是作品的短视频，都有具体的思想表达。这样的思想表达，可以是具象的，如产品、品牌、知识、日常、过程和技巧等，也可以是抽象的，如感受、情绪、状态和思想等。

选题的目的是为作品确立大方向，在做选题时要注意以下四点。

（1）任何选题都要符合企业账号定位方向，不要偏离主题，例如美食酒店类账号突然发了一期关于母婴知识的视频，这样的内容就偏离了账号定位。

（2）要为选题制作相应的选题库，短视频的选题不是想到一个就做一个，而是先想好若干选题，根据实际情况，在选题库中寻找合适选题制作，这样创作效率会非常高。

（3）选题并不是视频标题，它是作品的中心思想，要按照选题方向进行制作，而不是死板地将其确定为标题。

（4）每个选题都要尽量做到新、奇、趣、广，最好是大家普遍关注的内容，不能过于冷门、小众或广告性太强，否则将很难获得共鸣。

第19招 短视频脚本内容的设计手法

1. 短视频脚本的常见节奏

你有没有想过这样一个问题,为什么一部长达两小时的电影,你能看得津津有味,而不到一分钟的短视频你却看不下去,这究竟是因为什么?其实,这是因为视频节奏造成的,如果视频节奏感足够好,即使视频再长,观众也愿意看完。

好莱坞的商业电影都有非常完善的节奏设计,每一部商业电影至少要安排两个情节高潮。以一部 90 分钟的电影为例,你会发现电影的高潮集中在第 10 分钟和第 80 分钟,这种节奏设计能非常好地调动观者的情绪,吸引观者继续关注电影接下来的内容。如图 19-1 所示。

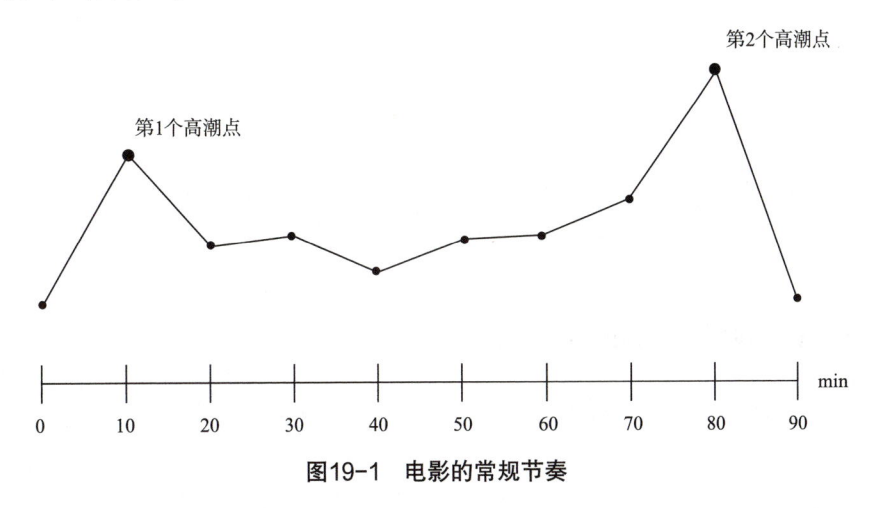

图19-1 电影的常规节奏

一部吸引人的小说,需要起承转合,一般会经历叙述—产生矛盾—解决矛盾—收尾的过程,同样是一种节奏设计。那些在朋友圈刷屏的推文都有巧妙的节奏设计,而短视频和它们一样也需要节奏设计。下面为大家讲解两个最常用的视频节奏。

(1) 393 节奏(也叫黄金 3 秒法则):如果一个视频只有 15 秒,那么我们可以将其分为3段,长度分别为3秒、9秒、3秒,而这3段要描述的重点也不同。

> 3秒——通常一个有吸引力的标题,在3秒内可以讲完。
> 9秒——对选题内容进行描述,视频长度不同,描述时长也会不同。
> 3秒——对内容进行总结和引导关注。

企业口播类短视频往往形式比较单一,所以需要吸引人的开场和文案描述。393节奏非常适合品牌口播类、产品类视频内容,但同时也对文案脚本创作有较高要求。

(2)369节奏(也叫三段式高潮):在一个视频作品中,要想办法设计三个情节反转,也就是三次情节冲突,这样能保持观看者比较高的注意力。

> 3秒——第一个带有反差的内容出现,观者情绪轻微波动。
> 6秒——第二个带有反差的内容出现,观者情绪开始有起伏。
> 9秒——第三个带有反差的内容出现,观者情绪有强烈的变化。

注意:以上时间点也可根据视频具体时长进行同比例扩大。

企业如果想在娱乐感极强、有搞笑段子的短视频中植入品牌和产品广告,就非常适合这类节奏。

2. 短视频脚本内容的设计方法

脚本内容撰写分为两个类型:10～20秒短脚本和20～60秒长脚本。

(1)10～20秒短脚本:如果视频长度不超过20秒,就很难讲清楚具体内容,所以这类短视频往往比较强调视觉和感观,画面的作用要远远大于文字。在脚本创作方面,其主要目标是通过视频来创造一次内反转。

结构公式:习以为常的事物和意想不到的反差。

文案长度:40～80个字。

在创作这类脚本时，要注意以下三点：

第一，短脚本适合实体企业运用笑话、效果和视觉类视频作品去衬托产品，但并不适合企业引用知识和教程类作品，主要是因为太短。

第二，短脚本因为时效性较强，很容易过时并被用户遗忘。

第三，短脚本创意点主要是创造反差。让人印象最深刻的反差一般都是那些日常生活中最为普通的事物，所以接地气很关键。

（2）20～60秒长脚本：如果视频长度在20～60秒，那么就有时间讲明白一件事了，为了能吸引观众看完长视频，就要让视频内容更加丰富。因此，在创作20～60秒长视频时，需要了解三段式结构。

结构公式：提出问题—描述问题—提出问题解决方案。

文案长度：200～500个字。

案例：健身能改变命运

视频结构：

提出问题—描述问题—提出解决方案—获得成果

时长：65秒。

文案结构拆解：

①提出问题："你知道坚持健身四年后，人生会发生什么样的变化吗？"

②描述问题："曾经，在别人眼里我就是一个平凡且身体羸弱的学生，为了追求苗条，尝试过各种节食、吃药等方法。直到有一天在沙滩打排球，直接被球砸趴下了，非常丢脸。"

③提出问题的解决方案："我开始质疑什么是真正的美。于是，我把那周的工资都交给了健身房的私教。从此跟健身房谈了四年半的"恋爱"。为了健身，我减少无效社交，每天必须早睡早起，开始大口吃饭，学会拥抱自然，在烈日下不打伞。于是神奇的事情发生了，我变得坚韧强大、自信满满。在跟自己身体和意志力的交往中，我发现我可以战胜一切困难，我不再矫情，遇事不再后退。"

其实，包括实体企业在内的抖音大多数短视频作品都采用了这种结构。可以说，只要掌握了三段式结构，就掌握了短视频脚本写作的窍门。

在进行长脚本创作时要注意以下两点。

第一，长视频创作比较适合实体企业借助知识类、剧情类、经历类等内容去诉说产品、品牌故事或消费者使用体验，但很少有搞笑类视频能做得非常长。

第二，视频创作的创意点最好来源于受众的真实经历或生活，可信度会更高，内容也会更受欢迎，引发企业与用户的共鸣。

第20招 根据企业客户需求规划内容

抖音短视频内容正在朝着多元化趋势发展，这也是越来越多用户参与和喜爱的主要原因。然而，我们实体企业在规划内容时不能采取"大而全"的策略，而要根据需求来定。我们在做短视频之前可能会获取很多方面的内容，但获取来的内容是否一定受用户欢迎呢？这就需要根据用户需求进行取舍。

为了使内容与用户需求更加匹配，实体企业运营者必须对所获取的内容进行分析、筛选、归纳和总结。

因此，对于企业抖音运营人员来说，至少要做好以下两个前提性工作。

1. 以用户为中心

在做内容之前需要搞清楚一个问题，做视频是为企业服务，还是为用户服务。很多企业将这个问题本末倒置，认为答案是前者，内容一定要围绕企业利益、产品特色去做。其实，这是错误的，内容一定要围绕用户去做，以用户为中心，从用户的角度出发，然后再结合企业的特点，千万不可只推送企业自己的内容，因为只有用户从中获得想要的东西，他们才会更加忠实于企业和产品，接下来的销售才会顺理成章。

2. 充分了解粉丝需求

用户需求是出发点和落脚点。在发布视频前，一定要想想自己产品的核心价值是什么？产品的定位是什么？知道了核心价值和定位才能知道粉丝需要什么样的内容。想想产品的目标用户是谁？知道了用户是谁，思考这些用户有什么样的特征。想想他们可能对什么样的内容最感兴趣、最迫切。想想产品的竞争对手有哪些？他们是如何做内容的？优、缺点是什么？

具体可归结为三个问题，即了解产品、了解用户、了解竞争对手及产品。

> 问题1：了解产品
>
> 先思考产品的定位是什么，知道了产品的定位才能知道产品需要什么样的内容。
>
> 问题2：了解用户
>
> 明确目标用户是谁，思考这些用户有什么样的特征，想想他们会需要什么样的内容。
>
> 问题3：了解竞争对手及产品
>
> 想想同类的产品都有哪些？了解竞争对手就能知道自己的目标，以采取差异化的应对策略。

这三个问题有助于了解自己的产品，了解用户需求，让产品和需求更吻合。这也是实体企业内容运营必须做的工作，前期定位越清晰、越精准，内容才更容易被认可。

第21招 如何借势社会热点提升内容关注度

借助社会热点事件制造话题是一种事件营销、借势营销。它也可以用于抖音，属于一种借题发挥的做法。在全民参与的互联网时代，社会热点总是层出不穷，借助社会热点进行视频拍摄，更容易引起粉丝的共鸣。

案例：中国国家博物馆

2018年5月18日，中国国家博物馆与7家地方博物馆，联合抖音一起推出了"第一届文物戏精大会"。各大博物馆的文物集体唱歌跳舞的视频，刷爆朋友圈。

同时，八大博物馆也用自己的抖音账号发布了"嗯~奇妙博物馆"的挑战视频，如图21-1所示，最终该挑战有五万多人参与，各个博物馆的账号也因此收获大量粉丝。

图21-1 奇妙博物馆抖音短视频营销

寻找社会热点事件的途径有很多，判断一个事件是否可用，标准也不是只看其关注度。关键要考虑是否适合自己企业，尽量以企业自身所售产品或服务的实际情况为出发点。这需要在具体运用中学习和总结，结合多种渠道去搜集、整合材料，尤其是能够准确表达出自身的独特观点、思想和情感题材的事件。

那么，在借助社会热点事件时，如何鉴别呢？一个事件是否有借鉴的价值，要看其是否具有相关性、重要性、知名度等特征，具有的特征越多，价值越大，借鉴后形成的晕轮效应也越大。

1. 相关性

相关性指事件与受众群体的相关度，一般是指心理上、利益上和地域上的联系，联系越多，越容易被关注。大多数人对自己的出生地、居住地或曾经给自己留下过美好记忆的地方总是怀有一种特殊的依恋情感。所以在选择事件营销时如果结合受众的地域性，就会引起这部分人的注意。

2. 重要性

重要性指事件的重要程度。一个事件无论大小，首先要有影响力、有意义才能称得上是社会热点事件。判断内容重要与否的一个标准就是看其在社会上的影响力大小，一般来说，社会影响力越大，受众越多，重要性越强。

3. 知名度

知名度指事件中涉及的人物、地点和事件的知名程度，知名度越高新闻价值越大。知名人士、历史名城、古迹胜地往往都是有新闻价值的。

4. 趣味性

大多数人对新奇、反常、趣味性较强的东西比较感兴趣。有人认为，人类本身就有天生的好奇心或者乐于探索未知世界的本能。因此，在选择事件时应该坚持一个很重要的原则——趣味性，这个事件一定要是受众喜闻乐见的、愿意付出时间和精力去了解的事件。

任何事件只要具有以上其中一个特征就可以确定为热点事件。如果能够同时具备则更好，说明这件事肯定具有相当大的传播价值，自然也会成为大部分人竞相追逐的对象。

这里有一个关键点需要注意，即我们实体企业如何发现更多的热点事件呢？点击抖音的搜索页面，查看搜索结果可以了解具有很高热度的抖音话题或事件。抖音的热度机制本身就是一种引导抖音博主创作优质内容并引导粉丝观看的机制。因此，当我们创建自己的内容时，应该经常查看热门搜索列表，思考是否有热点事件需要我们创建，以及是否有热点事件能够让我们利用。这是我们在创作作品之前需要知道的一种方法。

第22招 搞笑类抖音短视频策划

搞笑类抖音短视频策划和喜剧元素运用是一种吸引用户关注和增加用户互动的有效手段。

首先，在搞笑类短视频策划中，实体企业需要把握用户的喜好和兴趣。搞笑类短视频的目的是让用户快乐、产生共鸣和分享。因此，企业需要通过市场调研和数据分析，了解目标受众的年龄、性别、地域等特征，以及他们喜欢的搞笑元素和类型。在此基础上，企业可以制定搞笑短视频的创意和内容，选择适合目标受众的喜剧风格和表达方式。

其次，考虑以下几个喜剧元素来增加视频的趣味性和幽默效果。

（1）**反转和出乎意料**：通过设置情节的反转和出乎意料的结局，让用户感到意外和惊喜。这种形式的喜剧常常能够引起用户的欢笑和共鸣。

（2）**夸张的表现**：通过夸张的动作、表情和语言来制造幽默效果。大胆运用夸张的表现方式，吸引用户的注意力并让其发笑。

（3）**幽默的对话**：通过编写幽默的对话，表达出有趣的观点和幽默的情绪。巧妙的语言和幽默感能够让用户产生共鸣，引发笑声。

（4）**笑点和道具**：通过设置特殊的笑点和使用搞笑道具，创造出幽默效果。这些笑点和道具可以是物理性的，也可以是心理性的，能够引发用户的笑声和好奇心。

此外，在搞笑类短视频的策划过程中还需要注意以下几点。

（1）**创意和原创性**：实体企业应该注重原创的搞笑短视频创意，避免模仿或抄袭他人的作品。通过积极思考和创新，打造独特的内容，以吸引用户的注意。

（2）**品牌形象和定位**：即使是搞笑类短视频，也需要与企业的品牌形象和定位相符。确保搞笑短视频能够准确传达企业的核心价值和特点，增加用户对企业的认知度和好感度。

（3）**视频质量**：搞笑类短视频要确保视频的拍摄和剪辑质量，以保证视觉效果和用户体验。

总之，企业一定要严格进行市场分析，把控好自己的受众喜好、选择适合的喜剧元素和创意表达方式来打造有趣、引人注目的搞笑短视频，从而提升抖音运营的效果。

第23招 情感类抖音短视频策划

内容产出除了不断保持创意，在故事内容上也要保持生活气息和合理性。如何让粉丝投入情感并产生同理心，这就要求运营人员在构思内容时要"基于现实，高于现实"。就像抖音的口号——记录美好生活，内容太超脱现实或者太贴近现实几乎都是没有亮点的，当然对粉丝就没有了吸引力。

这就要求运营人员善打情感牌，在视频中植入情感。有情感元素，故事内容就在生活基础上得到了升华。比如搞笑段子、工作故事、情侣问答、智力挑战等都可以让不同社会角色的人群在观看视频时自我代入，调动用户的参与性。

情感能够让人产生心灵碰撞，强化代入感。

进行情感类短视频策划时，实体企业首先需要明确目标受众的需求和情感诉求。情感类短视频的目的是引发用户的共鸣、情感共振和分享。因此，企业需要通过市场调研和数据分析，了解目标受众的心理需求。这可以包括用户的希望、梦想、困惑、痛点等。通过对用户需求的深入了解，企业可以制定情感类短视频的创意内容，以满足用户的情感需要，并引发积极正面的情绪。

在进行情感类短视频策划时，实体企业尤其要关注以下几个关键的元素。

（1）**真实性和真实故事**：实体企业可以通过讲述真实的故事和体验，与用户建立真诚的情感连接。这种真实性能够让用户感到亲近，增加对品牌的信任度和认可度。

（2）**情感共鸣和情感触动**：企业可以通过触发用户的情感共鸣，唤起用户的情感感受。这种情感触动能够让用户主动关注并分享视频，从而扩大品牌的影响力和用户的参与度。

（3）**正向价值和积极能量**：情感类短视频应注重传递积极的价值观和正能量。通过传递正向的情绪和态度，品牌可以给用户带来积极的影响，并树立品牌的正面形象。

广大用户如果能够看到感情治愈类的短视频后受到鼓舞，那他们会对这种视频形成极大的依赖性，也就会随之关注该账号。

另外，情感类的短视频来源于生活。这就拉近了与用户的距离，相较其他类别的短视频，更加"接地气"。而用户大多数喜欢故事，每一个情感类的短视频，讲述的都是一个小小的、平凡的故事。因此，这类视频也更容易得到抖友们的喜欢。

不过，做情感类视频并非那么容易，有很多技巧需要掌握，这些关键点包括以下三个，如图23-1所示。

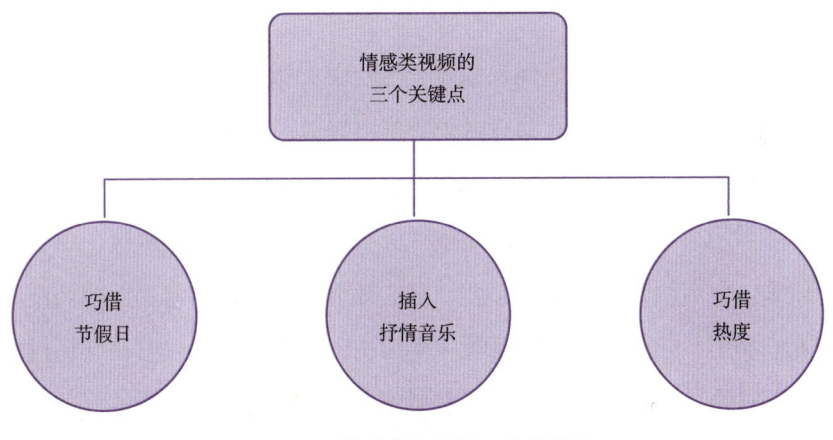

图23-1 情感类视频的三个关键点

1. 巧借节假日

情感视频想要成功，内容要直抵人心。只有触动了观看者的内心，让他们能够感同身受或者找到情感寄托，他们才能认同这个视频，从而点击关注。

所以，内容很重要。而企业的抖音运营者想要把内容做好，就需要借势。重要的节假日就能很好地提供这个"势"，使关注度迅速提高。如母亲节、父亲节、七夕节、中秋节等和情感有关的节日，就是重要的切入点。以此为主题，进行视频内容的创作，就能够在一定程度上增加关注度。

2. 插入抒情音乐

音乐是情感交流的"神器",一首好听的歌曲,之所以能够广泛传唱,就是因为它能够引起人们的情感共鸣。生活中,我们会发现有一些外国的歌曲,虽然有时候听不懂,但是还是会被感动,因为我们能感受到歌曲中所要表达的感情。因此,实体企业在制作自己的短视频时,要配好音乐。特别是那些图片类的视频,音乐是其成功的重要因素,配上一首非常抒情的歌曲,很大程度上会提高视频的观看效果。

3. 巧借热度

情感类视频做得再好,如果观看人数比较少,那么它能够引起关注的人数也会很少。这也是许多实体企业的短视频质量很好但没有火起来的原因。运营者要学会借用热点,这一点在之前也提到过,借助对热点的关注来提高用户对短视频的关注度。借用热点的好处是可以让视频更具有话题性并吸引眼球,也容易给粉丝留下印象。但借用热点需要有态度、有选择地用,只有结合了内容调性才更具有可挖掘的潜力,才能吸引更多流量。生活中,每天都在发生着这样那样的情感故事。新闻议论的热点也有很多是关于情感方面的,这些都是非常好的素材,运营者要好好利用。最好能每天浏览新闻热点,寻找适合的话题,进行短视频制作,这样就能够增加关注度,让更多观看的人成为粉丝。

总之,用情感作品去触动人,也是一种吸引粉丝的高效方法,也非常容易成功。所以,实体企业运营人员务必要学会使用上面所说的技巧,利用情感类视频迅速得到粉丝的关注,增长粉丝量。

第24招　为视频画龙点睛：短视频文案撰写技巧

抖音上有很多特色文案，这些文案不但助推短视频一夜爆红，而且逐步成为抖音短视频的一大特色。例如实体行业中的成功典范——凭借一句文案红遍半边天的答案奶茶。

答案奶茶是一个会"占卜"的奶茶品牌，用户买到一杯奶茶之后，在奶茶杯的腰封上写上想要问的问题。然后心中默念五遍这个问题，拿到奶茶之后，揭开奶茶的盖子，就可以找到答案。

至于这个奶茶是如何占卜的？如何回答用户问题的？在这里不详细阐述。它很可能是店家提前做足了目标消费群的属性调查，然后利用机器生成答案，印在奶茶盖子上。我们主要研究的问题是答案奶茶为什么会凭借文案在抖音火起来。

在抖音上有这样一条视频，其文案只有一句话，这句话非常煽情却也非常有吸引力。因为这句话本身就是一个问题，即"错过的人如何挽回？"

当粉丝看到这个题目时，就会很想知道答案到底是什么？如何挽回？而粉丝更想知道的是这个视频中的奶茶能不能给出一个满意的答案。

在视频中，抖音主播在奶茶腰封上写下这个问题之后，慢慢揭开奶茶盖子，发现了三个字"算了吧"。随后伴随着伤感的背景音乐，所有观看这个视频的粉丝都会很有感触。

爆红视频一定得配上绝妙的文案。绝妙的文案，哪怕是一个词、一句话，也足以带火一个视频，引发所有人的共鸣。

文案做得很好，视频内容就会加分，抖友看到了以后不仅会被这个短视频吸引，还会打开你账号中其他视频，把每个视频都看一遍。其实，这就是一种引流。抖音是一个用户量非常大的平台，每天活跃的用户成千上万甚至上亿。当一个好的文案能够吸引较大部分人关注以后，就会被疯狂模仿。在被疯狂模仿和传播的过程中，短视频播放量就会迅速增长，粉丝随着就会增加。

然而，如今想做出一个优质的抖音文案越来越难，因为抖音已经运行了很长一段时间，很多内容开始出现了同质化，大量雷同的短视频出现。当用户在刷短视频的时候，看到内容平平，根本就不会看完，直接就滑动到下一个。

那么，如何打造高质量的文案呢？这就需要掌握高超的技巧。我们将短视频文案创作方法总结成了四个关键的技巧点，只要能熟练掌握这四个技巧，就能写出爆款文案。

1. 口语化

文案要符合聊天特征，要像朋友拉家常一样具有社交情景感，要多运用口语化的词语，让内容与吃、喝、玩、乐等日常事务关联起来。

> 案例：
> （1）教育孩子，是一件很重要的事情。（某教育机构）
> （2）山西果园精品水果，好吃有营养。（某水果批发店）
> （3）某饮料炫酷上市，开创饮料新时代。（某饮品文案）
> 修改后：
> （1）为什么父母和孩子不能做朋友？
> （2）真正的甜是甜如初恋。
> （3）吃饱了，来一瓶。

因为抖音是社交软件，所以在这样的场景下，一切语言要更像社交的语气。多去思考我们平时是如何与周围人聊天的，从中提炼可转化为文案的语句。

2. 反差感

矛盾与冲突是构成情节的基础，也是文案能够吸引人关注的关键点。在文案中制造矛盾与冲突需要通过数字、时间、空间、情感和感受等创造反差感。总结起来，就是让文案有强烈对比。

> 案例：
> （1）新款阅读器5G超大空间，提升阅读体验。（某电子产品广告）
> （2）支付宝，新上线了可以画画的小程序！（某小程序广告）
> （3）这样日复一日地乏味工作，你不想换换吗？（某小程序广告）
> 修改后：
> （1）教你一个把500本书放在口袋里的方法。
> （2）从明天起，支付宝将改名为"设计宝"！
> （3）我们究竟是一年活了365天，还是只活了1天，然后重复了364遍？

把空间、数字和时间做一定的夸张处理后，标题文案会更加吸引人，并让人印象更深刻。人们看到标题后会有更强烈的冲击感受，试着让这些反差点增大，你的文案会更加吸引人。

3. 强关联

我们只会对与我们有关的事物产生兴趣，这是人性的本质，也是互联网上大多数用户的真实写照。要让文案与用户有关联和产生联系，多使用"你""你们""我们""和你有关""对你说"等来强调关联性。

总结起来，就是要让观看者感受到这一切都与自己有关。

> 案例：
>
> （1）请帮帮那些，无家可归的人。（某慈善机构）
>
> （2）为什么做短视频这么难，告诉你原因。（某培训机构）
>
> （3）真正健康的水，才是适合饮用的。（某产品文案）
>
> 修改后：
>
> （1）你要是饿了，会怎么办？
>
> （2）几乎所有短视频作者，都高估了自己的作品。
>
> （3）为什么，你需要一杯真正的好水？

有没有发现修改后的文案，特别能激起你的关注。要多去使用这个技巧，让你的文案与观看者产生联系。

4. 视觉化

能让人直接联想到画面的文案才是最容易让人记住的文案，巧妙地使用数字、符号等形式来强化文字的画面感，可以吸引更多注意力。

总结起来，就是要让观看者在读到文字后能在大脑中瞬间形成画面。

> 案例：
>
> （1）这里有一万元红包等你来拿！
>
> （2）这是一个能让你了解自己的最好的方法。
>
> 修改后：
>
> （1）这里有10000元红包等你来拿。
>
> （2）点击进入你自己的世界。

如果文案内有适合被转化为画面元素的文字，尝试将它们视觉化，这样可以更为直观地表达文案内容。

另外，文案写作需要长时间的练习，如果不去练习，是不可能写出好文案的。

> 在练习文案创作的过程中，有四个比较有效的提升方法。
>
> （1）**先会改再会编**：企业运营者可以先进行改编，纯粹的原创是很困难的。
>
> （2）**一个主题多个维度**：可以试着对同一主题的选题，进行多维度的文案撰写练习，试着写出5～10条不同的描述，这样的训练更能提升自己。
>
> （3）**练习+练习+练习**：就算是大师教你写文案，写得少还是不会有提高，还是需要多多练习。
>
> （4）**养成看书的好习惯**：多看一些文学、文案、广告类的书籍，素材储备越多，你的文案水平就越高。
>
> 文案创作是新媒体领域的核心技能，是图文、短视频等新媒体形式都会用到的技能，建议每一个实体企业运营者潜心修行，这会是一个受用终生的技能。

第3章

实体企业抖音短视频：
拍摄与剪辑

第25招 选择合适的拍摄设备和配件

1. 拍摄设备

用手机拍摄视频，还是用单反相机拍摄视频，刚接触抖音短视频的实体企业运营者很难做出选择。用手机拍摄的优势是携带方便，制作视频作品时比较快捷；缺点是当光源不足时，画质较差且没有景深效果。用单反相机拍摄的优势是画质较好，有景深效果；缺点是过于笨重，制作视频时比较麻烦，设备的费用也比较高。

在这里，我们建议，对于刚入门的实体企业，用手机拍摄就可以满足基本的制作需求，没必要使用专业设备，现在有很多品牌的手机具备强大的摄像和拍照功能，在选择合适的手机时，要注意两个要素，一个是像素，另一个是画质。只有两者都达到较高的水准，而且互相之间能够完美配比才能拍出高质量的视频。

像素的调整一般需要打开相机里的设置功能，找到分辨率或者清晰度。不同的手机叫法不同。分辨率有720P（30帧）、1080P（60帧）等，最适合拍短视频的分辨率就是1080P（60fps）。

通常不选4K，虽然更高清，但由于目前的手机还不能完全支持如此高清的分辨率，即使用了4K拍摄，在上传到抖音平台时也会被压缩而导致不清晰。

2. 外部辅助设备的选择

虽然有些手机的像素和画质非常好，但手机毕竟是手机，不是专业的摄像设备，它的光圈是固定的，变焦能力也非常有限。

对于有些微距或广角的拍摄，效果通常不尽如人意。在这种情况下，我们可以选择使用专门用于手机拍摄的外部辅助设备——手机外置镜头。

常见的手机外置镜头有两种，一种是功能镜头，这种镜头并不能提高手机的像素和拍摄距离，但可以提供微距、广角、鱼眼等多种拍摄功能；还有一种是手机外置长焦镜头，这种就类似于相机的长焦镜头，可以让手机的拍摄距离变得更长、更远。

另外，在拍摄视频时，如果需要减少画面抖动的情况，可以选择购买手机稳定器或者三脚架。如果拍摄环境中的光源不足，可以选择购买美颜灯进行补光。建议购买尺寸大一些的美颜灯，这样光源比较强，光照效果比较好。在拍视频时，如果声音效果不理想，可以选择购买领夹式的麦克风。如表25-1所示。

表25-1 短视频与直播的辅助设备

手机稳定器	三脚架	美颜灯	领夹麦克风
VOLG拍摄必备，口播不需要	口播、外拍必备	直播、口播必备	主播、口播必备

以上几种辅助设备是制作短视频和进行直播时使用率最高的，可以根据需要进行选择。

第26招 拍摄基础知识一：光线

拍摄短视频时光线十分重要，好的光线布局可以有效提高画面质量。尤其是在拍摄人像时要多用柔光，会增强画面美感，要避免明显的暗影和曝光。如果光线不清晰，可以手动打光，灯光打在人物的脸上或用反光板调节。

同时，运营者还可以用光线进行艺术创作，比如用逆光营造出缥缈、神秘的艺术氛围。

在光线不好的地方，尤其是晚上昏暗一些的时候，用带滤镜的软件拍照，画面非常模糊，此时可以开启闪光灯拍摄。

此时除了手机自带的闪光灯外，可以使用专业的外置闪光灯。这种闪光灯一般都是采用LED光源，光线比较柔和，可以让画面更加清晰柔美，人物的皮肤也会更加白皙。同时，还可以自由调节外置闪光灯的亮度，配合超宽的照明角度，可以实现360度旋转，满足不同的拍摄需求。

抖音上有很多带光圈效果的视频，这种设备其实并不需要补光灯这种大型设备，在网上能买到适用于手机摄像头的小型补光设备，有需求的可以买一个。

另外，在天气好的时候，可以尝试逆光拍摄，在拍摄界面可以对准高光区域进行测光，即可拍出艺术感十足的剪影大片。这一点同样可以应用到展示产品上。

还有，在拍摄短视频的时候，拍摄的画面要有一定的变化，不要一直是同一个焦距、一个姿势拍摄全程。特别是企业拍摄剧情类视频时，要通过推、拉、摇、移、跟这类运动镜头拍摄，横向运动的摇镜头可以使画面富有变化，突出故事情节。在人物拍摄时，要注意推镜头，通过远、全、中、近、特写镜头实现画面的切换，这样才会使镜头富有变化，增添活力。在后面也会详细讲述如何掌握运镜。

注意，并不是所有的智能手机都具备曝光和聚焦功能，但如果你的手机有，就一定要学会设置。尤其是对智能手机来说，AE（Automatic Exposure，自动曝光控制装置）锁定很重要，这会减少曝光，尤其是在进行围绕拍摄时，更要注意锁定 AE。

至于手动控制对焦，在从远及近地靠近人物拍摄时，这个功能非常实用。不同的手机设置焦距的方法也不同，具体设置可以根据机型上网搜索。

下面展开介绍以下几种常用的光线，它们分别是顺光、侧光、侧逆光、逆光、顶光。通过学习，可以让企业运营者对这些常用的基础光线有一定的认识，并在各种短视频拍摄场景中能合理正确的运用。

1. 顺光

顺光是指光线投射的方向和拍摄者镜头的方向一致。顺光拍摄时，被摄体表面光照最为均匀，最能展现被摄体的细节。但是，顺光拍摄，光线比较硬，阴影比较明显，因此利用顺光拍摄，最好选在多云或者阴天，这样拍出来的效果较为柔和，避免出现明显的阴影现象。

2. 侧光

侧光是指来自被摄体左侧或者右侧的光线，光线与被摄体和相机呈 90° 的角。通常采用侧光拍摄，被摄体能呈现出强烈的明暗对比效果，这样就可以将被摄体更鲜明地展现在画面中。

侧光主要用于拍摄产品、人物摄影等方面，利用侧光拍摄，是一种很好的表现手法。

3. 侧逆光

侧逆光是指来自被摄体斜后方的光线，与镜头保持约 135° 的光线。侧逆光可以使被摄体呈现出明少暗多的画面效果，能很好地将被摄体的层次感和立体感表现出来。用侧逆光拍摄，景物会呈现近暗远亮、近浓远淡的透光效果，这样就可使整个画面更具空间感。

侧逆光也可主要用于拍摄产品、人物摄影等方面。

4. 逆光

逆光是指来自被摄体正后方的光线，与镜头方向相对。

由于逆光拍摄，很容易造成主体的曝光问题，因此一般情况下我们还是尽量避免用逆光拍摄，建议使用侧光或者侧逆光。

虽然不是很建议企业运营者使用逆光，但如果为了某些产品的艺术效果，那使用逆光也未尝不可，只是你需要拥有更多操控光线的经验和技能。逆光拍摄，除了拍剪影外，我们还可以将花瓣、树叶、蝴蝶等装饰品拍出半透明的效果来，画面非常漂亮。

5. 顶光

顶光是指来自被摄体上方的光线，与被摄体基本垂直。这种光线照在被摄体上反差较大，影调较硬，一般不太使用，只有一些特殊产品展示的场景下，为了达到某种视觉效果，才会使用顶光拍摄，在这里不做详细描述。

第27招 拍摄基础知识二：构图

短视频以竖屏为主，视频能占满整个手机屏幕，看似面积很大，但其实可观看面积比较局限，真正的有效画面，只有手机屏幕的 70%～80%。

所以，在拍摄视频时需要具备视觉重心意识，将主要视频内容安排在安全区。安全区是指不受屏幕顶部导航区，右侧作者头像区以及底部标题信息区遮挡的区域。

特别要注意以下三点：

（1）在拍摄时主要内容不要太靠外。

（2）主要视觉内容要安排在视觉中心。

（3）字幕等提示信息不要太靠近边缘或者非安全区。

另外短视频的视频构图分为横构图与竖构图，横构图的优势在于主要画面内容会比较突出，其他空白区域可添加字幕和特效，而缺点在于画面面积较小，视觉沉浸感差，画面细节展现能力不足。因为，横构图更容易添加字幕和讲述教程，凡是侧重于学习的教程、各种教学视频和讲述类视频等内容领域，都比较适合横构图。竖构图的优势在于展示面积大，视觉沉浸感较强，画面细节和人物、产品展示清晰、明确，但缺点在于不宜添加字幕和特效，画面可展现的空间场景有限。

最后，再讲一下两种画面构图方式。

1. 中心构图法

这是我们在短视频当中最常见的构图方式，就是把你想展示的主体放在画面的中间。基本上，我们在完全不懂拍视频和摄影的时候，就已经在用中心构图法了。但是业余和专业的区别就在于拍摄背景。如果你的背景过于杂乱，整个画面上堆满了东西，就不好看了。为什么不好看呢？原因有两个，第一个是元素过于杂乱，第二个是画面是没有主次。

中心构图法的优点就是让用户能够一眼就知道该看哪里。视频背景应该如何设置，可以尝试以下三种方法。

（1）**设置框架**：框架可以使画面主体与其他元素更有层次感。此方法亦可用于产品展示。

（2）**视频延伸**：当主体在一个有视觉延伸感的背景下，随便一拍，就是一个非常好看的构图。这就是为什么很多MV和电影会选择在火车轨道上拍，因为出来的效果确实好看，因为这个延伸是由近及远的，所以也就能跟主体形成一个很强烈的纵深感，看起来也很舒服。

（3）**线条背景**：背景或者前景都出现线条，要么是竖的，要么是横的，要么是横竖组合的，那这样看上去整个图片就会显得特别和谐，特别有规律。

2. 九宫格构图

不管是手机还是相机，我们都能设置辅助线。这个辅助线我们具体应该怎么用呢？很简单，这个辅助线就是两横两纵，一共四条线。我们只要把主体放在这四个点的任意一个点上，从构图来说就是一个很舒服的位置。

除了主体之外，背景或者说前景，也就是其他的元素跟咱们之前讲的中心构图法是一样的，也是那三个技巧：框架、延伸、线条。

第28招 拍摄基础知识三：景别

由于拍摄工具与拍摄主体的位置距离不同，导致拍摄主体在拍摄工具（录像机）中呈现的画面效果是不一样的，而这个画面效果，就叫作景别。

在影视剧中，导演和摄影师会利用复杂多变的场面调度和镜头调度，交替地使用各种不同的景别，这样可以使影片剧情的叙述、人物思想感情的表达、人物关系的处理更具有表现力，从而增强影片的艺术感染力。

景别主要有五种类型：远景、全景、近景、中景、特写。不同的景别下，表达的情绪会有所不同，画面效果差异也会非常大。

1. 远景

远景拍摄主要表现的是拍摄对象所处的环境画面，通过拍摄主题周围的环境来表达某种氛围或者情绪，不一定非要突出人物。

所以在拍摄远景且拍摄主体为人物的时候，更多需要用肢体语言来表达，对表情要求不大。

除了表达某种情绪、氛围的类型外，远景拍摄其实还非常适合服装类实体企业的创作者，通过周边风景展示服装的整体，例如通过远景拍摄，展示服装适合小个子、适合旅游等特点。

远景拍摄也尤其适合旅游类实体企业的创作者，可以通过拍摄山脉、海洋、草原等风景，来佐证创作者觉得这个地方很舒服、适合旅游、风景很好等营销论点。

2. 全景

全景拍摄的内容往往使用一个总角度，所展现的范围较大，画面中是"人+

物+景"的全貌。

与远景比,全景拍摄会有比较明显的内容中心或拍摄主体。拍摄主体为人的时候,全景拍摄主要凸显人的动作、神态,同时再结合背景(人物周围的物、景)。

在全景拍摄中,周围的场景对人物来说都是陪衬、烘托,环境对人物还有解释、说明的作用。全景拍摄除了适用于写真照外,也非常适合服装实体企业展示产品、旅游企业展示网红打卡地点等。常见的剧情类、搞笑类短视频也经常使用全景拍摄的方式。

3. 中景

中景拍摄,主要是拍摄主角膝盖以上的部分,或者是场景内某些局部的画面。中景拍摄会更加重视人的具体动作,在进行中景拍摄的时候,周围的一切道具都是可以利用的,或者可以近距离展示人物表情。

大部分剧情类短视频采用的都是中景拍摄,通过中景拍摄可以更加清晰地展示人物的情绪、身份、动作等。给足了人物形体动作、情绪的展现空间,当人物交谈时,画面的内容中心是人物视线的交流以及展现的情绪等。

4. 近景

近景拍摄主要是拍摄成年人胸部以上的画面,或者是物体局部的画面。近景拍摄可以非常清晰地展现人物面部的神情,刻画人物性格。

在近景拍摄的时候,五官成了主要的表达窗口。例如,人物在开心的时候会眉开眼笑;悲伤的时候眼角带泪,神情悲壮;有顾虑的时候皱眉,眼带忧思,等等。

近景拍摄往往是通过无关的情绪,让观众感知你的情绪,给观众留下深刻的印象。同时近景拍摄不容易产生距离感,会让观众在无形中与角色产生交流。

5. 特写拍摄

特写拍摄一般是拍摄成年人肩部以上的部分，或者是某些极其细节的画面。如妈妈脸上的皱纹、父亲头上的白发。

特写的画面内容是单一的，这时候背景一般都不重要，更没有烘托的效果。特写画面一般用来强化某些内容，或者是突出某种细节。

特写画面通过描绘事物最有价值的部分，排除一切多余形象，从而强化了观看者对所表现的形象的认识，并达到透视事物深层内涵、揭示事物本质的目的。比如一只握成拳头的手以撑满画面的形式出现在屏幕上时，它已不是一只简单的拳头，而似乎象征着一种力量，寓意着某种权利，代表了某个方面，反映出某种情绪等。

特写一般出现在剧情类，或者带有情绪表达的视频、图片中，出现在短视频的时候，一般与近景、中景搭配使用，并且在视频中充当场景转换时的画面。

第29招 拍摄基础知识四：运镜

有很多实体企业抖音运营者都有一个相同的疑问，为什么别人拍出的短视频让人代入感十足、让人沉浸在其中？而自己拍出来的就略显生硬，没有灵性。那么，如何通过镜头传达企业要表达的内容呢？高质量的素材又是怎样拍摄的呢？学会运镜，这些都不是问题。本招将全方面带领读者详细了解每个运镜方式，旨在帮助拍摄者建立运镜思维，搭建起一套独有的运镜手法。

运镜，顾名思义就是运动镜头，即为摄影机在运动中拍摄的镜头，也叫移动镜头。运动摄像就是在一个镜头中通过移动摄像机机位，或者改变镜头光轴，或者变化镜头焦距所进行的拍摄。通过这种拍摄方式所拍到的画面，称为运动画面。

运镜可以给短视频带来新的空间和自由，获得成功的画面调度，表达出短视频的故事情节。

下面详细讲解以下七种运镜拍摄手法，让你的视频充满活力。

1. 拉镜头

拉镜头是摄像机逐渐远离被摄主体，或变动镜头焦距使画面框架由近至远与主体拉开距离的拍摄方法。

拉镜头可以交代环境，营造画面氛围感。

画面特点：

（1）拉镜头形成视觉后移效果。

（2）拉镜头使被摄主体由大变小，周围环境由小变大。

功能和表现力：

（1）有利于表现主体和主体与所处环境的关系。

（2）拉镜头画面的取景范围和表现空间是从小到大不断扩展的，使得画面构图形成多结构变化。

（3）拉镜头是一种纵向空间变化的画面形式，它可以通过纵向空间和纵向方位上的画面形象形成对比、反衬或比喻等效果。

（4）一些拉镜头不易推测出整体形象，有利于调动观众对整体形象逐渐出现直至呈现完整形象的想象和猜测。

（5）拉镜头使各种景别在一个镜头中连续变化，保持了画面表现空间的完整和连贯。

（6）拉镜头内部节奏由紧到松、与推镜头相比，能发挥感情上的余韵，产生许多微妙的感情色彩。

（7）拉镜头常被用作结束性和结论性的镜头。

（8）可以利用拉镜头作为转场镜头。

2. 移动镜头

移动镜头一般是水平移动，起到介绍人物与场景之间的联系。

画面特征：

（1）摄像机的运动使得画面框架始终处于运动之中，画面内的物体无论是处于运动状态还是静止状态，都会呈现出位置不断移动的态势。

（2）摄像机的运动，直接调动了观者在生活中运动的视觉感受，唤起了人们在各种交通工具上及行走时的视觉体验，使观众产生一种身临其境之感。

（3）移动镜头表现的画面空间是完整而连贯的，摄像机不停地运动，每时每刻都在改变观众的视点，在一个镜头中构成一种多景别多构图的造型效果，这就起着一种与蒙太奇相似的作用，最后使镜头有了它自身的节奏。

功能和表现力：

（1）通过摄像机的移动开拓了画面的造型空间，创造出独特的视觉艺术效果。

（2）移动镜头在表现大场面、大纵深、多景物、多层次的复杂场景时具有气势恢宏的造型效果。

（3）移动摄像可以表现某种主观倾向，通过有强烈主观色彩的镜头表现出更为自然生动的真实感和现场感。

（4）移动摄像摆脱定点拍摄后形成多样化的视点，可以表现出各种运动条件下的视觉效果。

镜头选择：

在实际拍摄时尽量利用摄像机的变焦镜头中视角最广的那一端镜头，因为镜头视角越广，它的特点体现得越明显，画面也容易保持稳定。

3. 跟镜头

跟镜头，即镜头和主体同步移动，增加代入感。

画面特点：

（1）画面始终跟随一个运动的主体。

（2）被摄对象在画框中的位置相对稳定。

功能和表现力：

（1）跟镜头能够连续而详尽地表现运动中的被摄主体，它既能突出主体,又能交代主体运动方向、速度、体态及其与环境的关系。

(2)跟镜头跟随被摄对象一起运动,形成一种运动的主体不变、静止的背景变化的造型效果,有利于通过人物引出环境。

(3)从人物背后跟随拍摄的跟镜头,由于观众与被摄人物视点的同一,可以表现出一种主观性镜头。

注意问题:

(1)跟上、追准被摄对象是跟镜头拍摄基本的要求。

(2)跟镜头是通过机位运动完成的一种拍摄方式,镜头运动起来所带来的一系列拍摄上的问题,如焦点的变化,拍摄角度的变化,光线入射角的变化,也是跟镜头拍摄时应考虑和注意的问题。

4. 摇镜头

遥摄是指当摄像机机位不动,借助于三脚架上的活动底盘或拍摄者自身的人体,变动摄像机光学镜头轴线的拍摄方法。用遥摄的方式拍摄叫遥镜头。机位不变,景别不变,上下左右旋转运镜。

画面特点:

(1)摇镜头犹如人们转动头部环顾四周或将视线由一点移向另一点。

(2)一个完整的摇镜头包括:起幅、摇动、落幅三个相互贯连的部分。

(3)一个摇镜头从起幅到落幅的运动过程,迫使观众不断调整自己的视觉注意力。

功能和表现力:

(1)展示空间,扩大视野。

（2）有利于通过小景别画面包容更多的视觉信息。

（3）能够介绍、交代同一场景中两个主体的内在联系。

（4）利用性质、意义相反或相近的两个主体，通过摇镜头把它们连接起来表示某种暗喻、对比、并列、因果等关系。

（5）在表现三个或三个以上主体之间的联系时，镜头摇过时或作减速、或作停顿，以构成一种间歇摇。

（6）在一个稳定的起幅画面后利用极快的摇速使画面中的形象全部虚化，以形成具有特殊表现力的甩镜头。

（7）便于表现运动主体的动态、动势、运动方向和运动轨迹。

（8）对一组相同或相似的画面主体用摇的方式让它们逐个出现，可形成一种累积的效果。

（9）可以用摇镜头摇出意外之象，制造悬念，在一个镜头内形成视觉注意力的起伏。

（10）利用摇镜头表现一种主观性镜头。

（11）利用非水平的倾斜摇、旋转摇表现一种特定的情绪和气氛。

（12）摇镜头也是画面转场的有效手法之一。

拍摄要求：

（1）摇镜头必须有明确的目的性。

（2）摇摄速度会引起观众视觉感受上的微妙变化。

（3）摇镜头要讲求整个摇动过程的完整与和谐。

5. 升降镜头

摄像机借助升降装置等一边升降一边拍摄，这种拍摄方法和画面叫升降镜头。可以展示广阔的空间内多角度多方位构图。

画面特点：

（1）升降镜头的升降运动带来了画面视域的扩展和收缩。

（2）升降镜头视点的连续变化形成了多角度、多方位的多构图效果。

功能和表现力：

（1）升降镜头有利于表现高大产品的各个局部。

（2）升降镜头有利于表现纵深空间中的点面关系。

（3）升降镜头常用以展示事件或场面的规模、气势和氛围。

（4）利用镜头的升降可以实现一个镜头内的内容转换与调度。

（5）升降镜头的升降运动可以表现出画面内容中感情状态的变化。

6. 推镜头

推镜头是摄像机向被摄主体方向推进，或者变动镜头焦距使画面框架由远及近向被摄主体不断接近的拍摄方法。这种拍摄方式及运动画面，称为推镜头。可以突出拍摄主体，让视频更有代入感。

画面特点：

（1）推镜头形成视觉前移效果。

（2）推镜头具有明确的主体目标。

（3）推镜头使被摄主体由小变大，周围环境由大变小。

功能和表现力：

（1）突出主体人物或产品，突出重点形象。

（2）突出细节，突出重要的情节因素。

（3）在一个镜头中介绍整体与局部、客观环境与主体人物的关系。

（4）在一个镜头中景别不断发生变化，有连续前进式蒙太奇的效果。

（5）推镜头推进速度的快慢可以影响和调整画面节奏，从而产生外化的情绪力量。

（6）推镜头可以通过突出一个重要的戏剧元素来表达特定的主题和内涵。

（7）推镜头可以加强或减弱运动主体的动感。

7. 环绕镜头

环绕镜头是以被拍摄主体为中心点环绕拍摄的运镜方式。围绕主体进行旋转，全方位展现拍摄主体。

功能和表现力：
（1）通过运镜突出主体，让短视频画面更有张力。
（2）巡视人物、环境等。

画面特点：
以被拍摄主体为中心环绕点，机位围绕主体进行环绕运镜拍摄。通常使用稳定器、旋转轨道、无人机等辅助拍摄，突出主体，展现主体与环境之间的关系或人物与人物之间关系的手法。它也是能够营造一种独特艺术氛围的镜头运动方式。

8. 组合运镜

组合运镜是指摄像机在一个镜头中把推、拉、摇、移、跟、升、降等各种运动摄像方式，不同程度、有机地结合起来的拍摄组合。用这种方式拍到的视频画面叫综合运动镜头画面。

> 组合运镜的特点：
> （1）可以产生更为复杂多变的画面造型效果。
> （2）画面的运动轨迹是多方向、多方式运动合一后的结果。

> 组合运镜的功能和表现力：
> （1）组合运镜有利于在一个镜头中记录和表现场景中一段相对完整的情节。
> （2）组合运镜是形成短视频画面造型形式美的有力手段。
> （3）组合运镜的连续动态画面有利于再现现实生活中的情境。
> （4）组合运镜有利于通过画面结构的多元性形成表意方面的多义性。
> （5）组合运镜在较长的连续画面中可以与音乐的旋律变化相互"合拍"，形成画面形象与音乐一体化的节奏感。

> 组合运镜的拍摄：
> （1）除特殊情绪对画面的特殊要求外，镜头的运动应力求保持平稳。
> （2）镜头运动的每次转换应力求与人物动作和方向转换一致，与情节中心和情绪发展的转换相一致，形成画面外部变化与内部变化的完美结合。
> （3）机位运动时注意焦点的变化，始终将主体形态处理在景深范围之内。
> （4）要求摄录人员默契配合，协调动作，步调一致。

> 组合运镜需要注意的点：
> （1）动速：动速是推拉速度。在变焦过程中，开始和结束的速度要缓慢而均匀，特别是在画面由静止到运动的一瞬间，一定要很慢，然后慢慢加快，结束时要由快到慢，再到静止。这样才能保证画面展现的自然和构图的稳定。

（2）动向：动向是摄像机的推拉方向。推拉的方向，由关注点的大小关系和被摄物的运动方向确定。关注中心由面到点，自然用推镜头，以突出关注主体；而由点到面，则用拉镜头，把环境等相关因素展现出来。当被摄物处于运动中，一般而言焦距的推拉与被摄物的运动方向基本保持一致。反之，就会产生特殊的相向运动效果。

第30招 短视频拍摄的两个黄金技巧

为了帮助实体企业抖音运营者方便、快捷地制作出更加优质的抖音短视频内容，下面介绍短视频拍摄的两个技巧。

1. 善于运用分拍和合拍技巧

（1）**分拍**：抖音可以分段拍摄，也就是你可以拍一段视频暂停之后再拍下一段，最后拼在一起形成一个完整的视频。只要两个场景的过渡转场做得足够好，最后视频的效果就会很酷炫。

例如，服装行业在拍摄热门的"一秒换装"视频时，可以借助"长按拍摄"来方便地进行分段拍摄。用户穿好一套衣服后，可以按住"按住拍"按钮拍摄几秒的视频，然后松开手，即可暂停拍摄。此时，用户可以再换另一套衣服，摆出跟刚才拍摄时一样的姿势，重复前面的"拍摄—暂停"步骤，直到换装完成即可。

（2）**合拍**：合拍是抖音的一种有趣的新玩法，很多爆款视频都采用这种拍摄技法，例如"黑脸吃西瓜合拍""瞪眼猫合拍""西瓜妹合拍""记者拍摄合拍"等。合拍的操作步骤，如图30-1所示。

1	找到想要合拍的视频，点击分享按钮
2	在弹出"分享到"菜单中，点击"合拍"按钮
3	用户可以添加道具、设置速度和美化效果等，点击"拍摄"按钮即可开始合拍
4	找到想要合拍的视频，点击分享按钮

图30-1　合拍的操作步骤

2. 调整拍摄速度

运营者在拍摄过程中，不仅可以选择滤镜和美颜等，还可以自主调节拍摄速度。其中，快慢速度调整和分段拍摄是抖音最大的特点，利用好这两个功能就能拍出很多酷炫的短视频效果。

快慢速度调整就是调整音乐和视频的匹配程度。如果选择"快"或者"极快"，拍摄的时候音乐就会放慢，相应的视频成品中的画面就会加快。反之，如果选择"慢"或者"极慢"，拍摄时的音乐就会加快，成品中的画面就会放慢。

快慢速度调整功能有助于创作者找准节奏，一方面，可以根据自己的节奏完成相应的剪辑创作，会使拍摄过程更舒服；另一方面，不同的拍摄节奏，也会大大降低内容的同质化，即使是相似的内容，不同的节奏所展现出的效果也是截然不同的。

如果放慢了音乐，就能更清楚地听出音乐的重音，也更容易卡上节拍。这就降低了用户使用的门槛，让一些没有经过专业训练的人也能轻松卡上节拍。如果加快了音乐，相应地放慢了你的动作，最后的成品也会有不一样的效果。配合前面所说的分段拍摄，控制好你的快慢节奏，也会实现不错的效果。

第31招 选择合适的剪辑软件

玩抖音短视频,需要剪辑技巧,抖音上很多视频美轮美奂,视觉效果非常好,仅仅十几秒就能拍出大片的感觉。其实,这都是剪辑后的播放效果。

短视频拍摄没有一气呵成的,不是一个镜头完成的,正所谓"三分拍、七分剪"。因此,实体企业做抖音营销时务必在剪辑上多下功夫。在剪辑时通常使用专业工具,这些工具可以帮你多快好省地完成剪辑工作。接下来就详细介绍三款简单易学的视频剪辑软件,希望对企业运营者制作短视频有帮助。

1. 电脑剪辑软件

(1) Adobe Premiere Pro:Adobe Premiere Pro 是一款专业的视频编辑软件,可以用来制作、编辑和输出高质量的视频。它具有强大的功能,提供了采集、编辑、调色、字幕添加等功能,支持多格式导入素材。

(2) 迅捷视频剪辑:迅捷视频剪辑是一款功能丰富并且操作简单的视频剪辑软件,非常适合新手入门。软件在电脑手机上都可以下载使用,这里我们介绍它的 PC 版本。

迅捷视频剪辑支持导入主流的视频、音频格式以及图片素材,拥有丰富的字幕样式、滤镜特效、转场动画等功能。相比于 Adobe Premiere Pro,迅捷视频剪辑软件的体积轻巧,不占用过多内存,即使是初学者,没有专业的视频编辑能力,用它也能轻松剪辑出满意的视频。

首先,软件界面简洁清爽。左边是素材区,上传的视频、图片等素材都在这里。右边是预览区,剪辑视频的过程中随时可以看见预览的效果,哪里不满意可以随时修改。下方是时间轴和功能区,每一个区域功能都显而易见,方便新手快速找到。

其次，它提供了相当丰富的素材可以直接下载使用，包括40个以上的精美片头，170个以上的特效，60个以上的滤镜效果等，可以用到不同的视频中去，立马让你的视频看起来更生动活泼，不用自己到处去找素材，节省时间。它还支持语音转文字，直接识别视频中的语音，并且自动转换成字幕添加到视频中，不用自己手动输入字幕。支持输入的语言特别丰富，方言也能识别，并且识别得非常精准。

制作好的视频可以直接保存并导出，支持导出包括MP4、AVI、MKV在内的多种格式，最高可导出1080P的超清视频，清晰度完全不用担心。

除了这些常规剪辑功能之外，它还有屏幕录像、视频分割、人物抠像等功能，可以满足日常的多种需求，非常适合实体企业新手运营者使用。

2. 手机剪辑软件

（1）**剪映**：是由抖音官方推出的免费视频剪辑软件，也是所有抖音运营者最常用的剪辑软件之一。它拥有非常强大的自动踩点、语音转文字、智能配音和关键帧功能，并且它拥有非常丰富的抖音素材库、流行的贴纸和特效等，你都可以在这里找到！它还可以把网络上流行的剪辑风格合成不同的模板，例如经常出现在抖音推荐页上的卡点视频，完全可以通过剪映模板来制作，导入素材一键成片。作为刚刚入驻抖音的实体企业运营者，这款剪辑软件自然是首选。

学会剪映的基本使用，便足以让实体企业初学者制作出满足日常所需的优秀短视频了。剪映的基本操作介绍和实操案例将在后面章节中展开讲述。

（2）**快剪辑**：快剪辑是除了剪映以外，另一款被运营者运用最多的视频剪辑软件。它简单便捷，功能较丰富，有精美滤镜、视频多段拼接、变速（一键适配朋友圈10秒、抖音15秒的视频规则）和同框等快捷小工具。此外，它还拥有VLOG模板，包括电影大片、音乐相册等。

另外，它支持自定义分辨率和码率，完全免费，里面还有非常多的教程，也非常适合实体企业的运营新手。

（3）**大片**：大片是一款集结多种高级模板的剪辑软件，其特效及转场十分炫酷，用户可根据视频内容对模板进行挑选。这款软件内置很多优质模板可供选择，尤其适合视频的开头，用在开头十分抢眼。很多实体企业运营者都利用这款软件制作有趣的开头。

（4）一闪：一闪的黑场文字功能和滤镜常被用在抖音视频中，适合视频画面的突然过渡和切换，需要在视频与视频之间插入黑色背景图的情境。

这款视频剪辑软件有胶片滤镜，滤镜区包含模拟柯达、富士、爱克发、依尔福等20多款经典胶片滤镜，强度可自行调整，滤镜质量较高。

（5）iMovie：iMovie 也是一个适用于画面过渡、切换、转场的视频剪辑软件，与一闪不同的是，其过渡十分流畅。同时，内置了多种过渡效果，如主题、融合、划入、抹涂、淡化等。

（6）黄油相机：黄油相机软件的贴图功能强大，滤镜包含拍立得、电影感边框等，用户导入视频后，可添加趣味图案，使用复古贴纸，为视频制造出趣味效果。

（7）OLDV：OLDV 是一款具有20世纪80年代复古风格的剪辑类软件，内置迪斯科音乐，拍摄过程可手动添加激光效果，对画面进行缩放，使用这款软件，一秒就能让拍摄的视频妙趣横生。

（8）8毫米相机：8毫米相机支持用户实时录制8mm复古影片，内置多种复古滤镜，用户导入相应视频后可手动添加灰尘、划痕、复古色调、光影闪动、漏光及画面抖动效果。如果你的企业在短视频制作时需要老电影的怀旧效果，那么这款 App 是最佳选择。

（9）Videoleap：Videoleap 是一款有趣、强大的视频编辑软件，其功能比较丰富。导入视频即可合并剪辑、添加文本、蒙版、调整色调和过场动画艺术效果，独有绿屏功能，还可以加关键帧。

（10）巧影：巧影这款软件的视频编辑功能齐全，可制作多重视频叠加、特色背景抠像、创造性混合视频。支持多层混音、曲线调音、一键变声等，其关键帧功能，可轻松实现动画效果，视频支持最高16倍变速。

第32招 剪映的基本操作与功能

剪映主界面，最下方菜单栏有五个选项：第一个是个小剪刀标志，代表剪辑的主页面。第二个是"剪同款"，里面是一些比较热门的视频模板，点击某个模板，然后点击右下角"剪同款"，选择手机图库的素材添加进去，就可以直接生成一个非常炫酷的小视频。第三个是创作学院，里面精选了一些视频教程。后面的"消息"和"我的"，主要是注册登录抖音账号后，抖音上的信息会同步至此。

具体来说，剪映有以下几大基础功能。

1. 素材剪辑

如何导入素材进行剪辑？先点击主界面上的"开始创作"，弹出的界面分成三部分，一部分是"照片视频"，点击照片或视频，就可以在手机相册寻找需要导入的素材。另一部分是素材库，是官方准备的一些短视频素材，可以下载使用。此外还有"剪映云"，里面是存放在云端的素材。

选中素材，它右上角出现序号标志，屏幕左下方是素材的排序。点击"添加"，就进入编辑页面。编辑页面最上方是预览区，点击画面下方小箭头播放按键，可以对视频进行预览。

再下面是视频轨道、音频轨道等，就在这里面进行编辑。视频轨道左侧有一个关闭原声按钮，选中它可以将视频原有的音频声音关掉。视频轨道下面有一个"添加音频"按钮，点击它进入二级菜单，里面是对音频进行编辑的选项。

最下面一排是剪映的主菜单，里面有剪辑、音频、文字、贴图、画中画、特效、滤镜、比例、背景、调节等功能。剪映的菜单是分级的，例如选中了一个视频片段，会进入该视频片段的一级菜单，左侧有一个小箭头，只要菜单上带有小箭头就不是主菜单，一个箭头是一级菜单。选中其中一个菜单，例如动画，这时候箭头会变成两个，证明它是二级菜单，需要点两下才能返回到主菜单。还有一种方法是在预览区里直接选择。例如选择"文字"，点击"新建文本"，在输入框输入文字后，预览区里面就可以看到文字，点击对勾，剪辑区出现文字轨道。我们可以直接点击文字轨道进行选择，点击空白处取消这个选择。

剪辑区里有一个拐弯的箭头。这是撤销的意思，我们进行的任何一个操作，如果你觉得是误操作，就可以点击它进行撤回。

剪映没有保存按键，只有导出的按键。点击"导出"，进入导出页面。有分辨率和一个帧数的选择，默认是 1080P 和 30 帧，我们可不用改动，导出大分辨率是比较清晰的、比较好的。点击导出就完成了视频保存，存放在手机相册里。

另外，如果没有制作完视频，运营者临时有事或者不小心关掉了，剪映提供了自动保存功能。有一个草稿箱，自动保存编辑过的视频，我们选择它，就可以回到之前的编辑页面，非常方便。

草稿箱旁边有个管理功能。点开后每个草稿旁边有小圆圈，选中它可以进行删除，还可以点击草稿旁边的三个点，删除单条视频草稿。

2. 分割与裁剪

剪映最常使用到的两个功能，一个是分割功能，一个是裁剪功能。例如拍摄的视频有一些不是很好，想通过后期剪辑给删除掉，就要用到分割功能了。

剪辑区视频轨道有一条白线，它是固定不动的，拖动视频素材找到裁剪位置并对准白线，选中素材，点击工具栏的"分割"，整个视频就分割成前后两段。然后找到要裁剪片段另一端位置，对准白线再点一次"分割"，视频从两段就变成了三段，选中想删掉的片段（左端显示该片段时长），直接点击"删除"，这个视频片段就没有了。

再介绍一下裁剪功能。例如这是一个竖屏视频，上方和下方都有一些不想要的部分，这时候就要用到剪裁功能了。首先选中这一段视频素材，在下面工具栏找到"编辑"，点击之后就看到裁剪功能了，点击"裁剪"，视频画面有一个九宫格的框，四周比较粗，用手长按边框可以拉动。拉动边框到不想要的地方，把想要的部分留在框内。松开手指不想要的画面就没有了，点击对勾图标，出现裁剪后的画面。

3. 添加字幕

剪映中添加字幕有两种方法，第一种是手动添加，第二种是自动识别。

（1）**手动添加文字**：进到视频编辑界面，在工具菜单栏选择"文字"，再选择"新建文本"，就可以进行字幕输入了。例如输入"大家好"，点击对勾图标，字幕就出现在视频画面上。这时时间轴也会出现一个字幕长条，上面有"大家好"的文字，小长条的文字显示在视频里面，时间刻度对应字幕的开始和结束时间。长按这个文字条可以挪动它，同时改变出现和结束时间。

如果只想改变它的出现时间，不改变结束时间，怎么操作呢？选中这个时间轴，拖动前面的白块改变它的位置，这样就只改变它的出现时间。同样的道理按住后面的白块不松手去拉动调整位置，就可以改变它的结束时间。

在视频预览区，用手长按这个字幕，可以将它放在任何位置，还可以调整它的大小。

字幕也可以修饰。输入的第一句文字，右上角有一个小笔标志，点击一下，进入"样式"，里面可以调整它的字体、颜色，还可以调整花字。样式里还有一个动画。字幕是有出场和离场时间的，这个动画也有入场动画和出场动画，还有循环动画。之后点击对勾图标。

（2）**自动识别文字**：主要是识别视频的语音部分，把它变成文字。视频里一定要有人说话，才能自动识别。例如这段视频中说："嗨，大家好，我是××，欢迎来到我的频道，我们一起来学习实体企业的抖音运营。"怎样自动识别并添加文字呢？

在下面工具栏菜单选择"文字"，再点击第三个按钮"识别字幕"，它就开始识别了，识别时间长短是由视频长短来决定的。自动识别好了，就可以看到视频画面出来文字，时间轴上面字幕的入场、出场时间都帮忙设置好了。这其实是非常方便的。使用自动识别来添加字幕时，有一个地方需要注意，就是识别率的问题。它识别出来不是百分之百的正确，如果发现识别错误了，双击这段文字进行修改就可以了。自动识别后所有文字的大小、位置都是一样的，如果改变某一处文字设置，其他段落句子的设置都会作相应改变。

如果想只改变某一段字幕，不影响到其他字幕，便可双击这段文字，下面有一个对勾，写着"应用到所有字幕"，把对勾去掉，然后你再去改变某一段字幕样式，其他文字就是不变的。这就是自动识别字幕的方法。

4. 添加音乐

导入视频后，添加背景音乐有两种方法，第一种，点击视频时间轴下的"添加音频"按钮，进入下一级菜单，有音乐、音效、提取音乐、录音等选项。第二种，在菜单栏找到"音频"，点击一下，也可以进到音频下一级菜单。

首先看"音乐"，点开看到上面很多分类，如卡点、抖音、纯音乐、VLOG等，每一个分类里有很多音乐，选中某一首试听，再点一下关闭试听。每一首歌曲后面有个小星星，是收藏的意思。选中它会变成黄色，就可以在收藏里找到这首歌。再点一下小星星就会取消收藏。选中一首歌，点击"使用"，视频时间轴下面就多了一个音频条，我们可以对它进行编辑。先选中这个音频，就进入下一级的菜单，是编辑音频的一些功能。

第一个是"音量"，点击它，新弹出页面拖动滚动条上的圆点，可以调整音量的大小。第二个菜单"淡化"，点击一下，有淡入时间和淡出时间两个滚动条。淡入时间代表了音频的开头，声音是从小到大来播放的。拉动圆点声音由小到大。拉动淡出时间的圆点，结尾的声音逐渐变小。

选择音频常遇到这种情况：视频结束了但音频还在放，怎么办？音频也可以像视频那样分割和删除，将白线对准视频结束位置，白线也会对准下面音频轨道，找到分割，点击它，音频就变成了两段。我们选择多余的这段音频，点击"删除"，视频和音频的播放时间就一样了。

重新回到音频菜单，点击音乐，下面的菜单选项有"推荐音乐""我的收藏""抖音收藏"等，还有一个导入音乐。

"推荐音乐"是软件推荐目前比较火爆的一些音乐,"收藏"是你在音乐列表点击了小星星的音乐,"抖音收藏"是登录抖音账号,在抖音上收藏的一些音乐或音效。我们点击听一下,还可以,点击使用,这个音频就加入视频里边了。

再来看导入音乐,它通过三种方式进行导入。导入音乐有三个子菜单,第一个是链接下载,第二是提取音乐,第三是本地音乐。

先来看链接下载。重新返回到抖音,选择好一个音乐,点击旁边的箭头,也就是分享标志,然后在下面拉动找到"复制链接",点击一下。

回到剪映("导入音乐"的三个子菜单界面),把刚才复制链接粘贴在对话框,点击旁边向下的箭头就是下载,经过一会儿解析,这个音乐就下载好了,点击使用,这个音乐就出现在时间轴里面。这就是链接下载的方法。

再来看一下提取音乐。点击它进来后,有一个提示,去提取视频中的音乐,它需要我们先下载一个视频,再从视频中把音乐提取出来。我们重新回到抖音。

怎么下载视频呢?同样还是点击分享的箭头。然后有一个"保存本地"的下载选项,点击一下,已经保存好了。回到剪映("提取音乐"子菜单界面),点击去视频中提取音乐。进到手机相册,找到下载好的视频,点击进行导入,就立马会出现视频里面的音乐了。点击使用,音乐就导入到视频里面了。

最后是本地音乐,点击它,找到已经下载到手机里的MP3,选中后点击"使用",手机上的音乐就导入到视频时间轴。这就是音乐部分的功能。

回到音频主菜单,第二个"音效",点击它,里面是一些软件自带的音效,有收藏、综艺、笑声、机械等分类,点开分类出来各种音效排列,选中音效可以点小星星收藏它,点击"使用",它就出现在视频时间轴了。

最后一个是录音功能,点击一下,出现一个录音的大红点标志,按住它就可以直接进行录音了。以上就是剪映添加音频的所有的功能。

5. 音视频变速

首先讲视频的变速。方法非常简单,点击时间轴的视频轨道,再点击下方菜单栏变速选项,进入下一级菜单栏,有常规变速和曲线变速选项。先看一下常规变速。点击它，视频轨下面出现了一个变速条，有一个圆点在"1"的位置上，也就是一倍，是正常播放。长按圆点往右边拉，上面数字就会变化，调到两倍速松手，点击对勾图标，再来看视频，原先12秒的视频就变成6秒，播放一下，速度快了一倍。重新点击常规变速，把圆点倍数调得更大一些，比如调到5倍，这时视频就变成两秒了。能加速就一定能减速。把圆点往"1"的左面拉动就是在减速。看一下视频变慢了，视频长度从12秒就变成了20秒，这是常规变速。

再来看曲线变速。点击它，里面有很多曲线，最前面有个自定义，点击后在原处出现"点击编辑"字样，点击进去，一条直线有5个点。拉动这5个点就是对时间速度进行编辑，可以长按这些点左右移动或者上下移动。左右移动是在选择播放的时间点，准备在什么时间点开始调整。上下移动就是在这时间点进行加速减速的调整了。当往上拉的时候是加速，可以看到速度的提示，倍数一直往上涨的。往下拉是视频减速。如果觉得这个调整点太少了，点击"添加点"的字样，白线上就增加了一个新的编辑点。这个点同样可以左右上下拉动调速。如果觉得这个点多余了，不想要它，可以选中它，即竖白线移动到这个点上，然后点击"删除点"字样进行删除。这就是曲线变速。

重新回到主页面，可以看到后面有各种各样的曲线，这些是软件自带的一些变速曲线。例如第一个蒙太奇，点击它看一下是先加速后减速的一个效果，再点击圆点进行变速编辑。

在变速过程中，里面的音频会相应地变快变慢。如果勾选声调，声音会相应变粗变细。添加的背景音乐或者自己的录音，也可以进行变速。变速的方法和逻辑跟视频变速是一样的。

6. 多段视频剪辑方法

选择三段视频素材，点击"添加"，导进剪映里。每段视频之间，有一个小白方块标志，方块里有一条小竖线，这就是多段视频连接的地方。如果还有视频添加，点击右边的加号，这样又出现一段新视频。剪辑中一些片段位置需要改变一下，怎么办呢？长按需要改变的视频片段，时间轴会变成一个个小方块缩略图，拖动视频片段到你想让它放在的位置，然后松手就可以了。

此外，还会有某一段视频不想要，该怎么办呢？这就要用分割了。另外还有一种删除方法，选中视频片段以后，最前方有一个较宽的白色条，长按不松手往后拉，直接拉到只想让它显示的地方，然后松手，前面那一部分就没有了。如果视频片段中间有一部分不想要，怎么办呢？可以先选中它切割一下，然后选择再分割，就可以单独选中进行删除了。

音频同样也可以剪辑。如果两段视频的风格不一样，衔接时看起来比较生硬，那该怎么办呢？这时可以用到转场的功能。点击每段视频衔接的白色小方块，进入转场特效的操作界面，里面有各种各样的转场分类。我们选择这个转场的时候，下面有一个转场时长，转场动画效果呈现的时间就在这里调整，从0.1秒到1.7秒。左下方有一个"全局应用"，点击它，这个转场效果会应用到每个视频片段之间。

7. 画中画和蒙版

首先了解一下基础概念。什么是画中画？就是在视频里又插入一个或多个视频，同时进行播放。

先说画中画的操作。打开剪映，点击"开始创作"，导入一段视频，怎么导入另外一段视频呢？下面工具栏有一个"画中画"，点击它，显示"新增画中画"，再点击它，就可以把相册其他的视频导入进来。我们长按新加入的视频，移动到合适位置，播放一下，两个画面同时进行播放。怎样把新添加的视频画面缩小一点呢？先选中视频，两个手指按住画面往画面中间挤压，这张画面就缩小了；如果手指往外拉那就是放大。我们还可以通过画中画再加入另外一个视频片段，这就有三个视频了，三段视频同时播放。这就是画中画的添加。

下面介绍蒙版。什么是蒙版功能？比如拿了一张纸，把视频遮住一部分，纸上面有一个圆洞，只能看见圆形的视频。如果纸上是五角星，你看到是一个五角星形状的视频，这就是蒙版。

先选中下面画中画的视频轨道，然后在工具栏往后拉动找到"蒙版"选项，点击一下，进去看到非常多的蒙版。以第一个蒙版"线性"为例，点击"线性"，屏幕上会出现一条线，中间有个白色圆点。长按住白线移动，可以对视频进行切割遮挡，白色圆点是羽化的效果，往下方拉一点，被切割掉的地方看起来变柔和了。两个手指按住线条，可以调整这条线的方向，斜着或竖着剪切画面。再来看一下"镜面"蒙版，它其实相当于你拿了两张纸，把视频两边都遮挡了，只留中间这一部分。也可以用两个手指把遮挡的部分扩大，进行旋转。"圆形"蒙版相当于在这张纸上挖了一个洞，可以用两个手指放大缩小。上面还有两个箭头，可以拉动箭头变成椭圆形。后面还有很多形状，如星形、爱心形、矩形等，移动及改变形状的方法和前面是一样的。

以上就是剪映制作画中画和添加蒙版的功能。

8. 卡点视频

卡点主要是用在音乐上，选择一个节奏感比较强的音乐，通过节拍来切换，以达到一个炫酷的效果。第一步，先导入素材，然后添加背景音乐。点击菜单栏里的"音频"，再点击音乐（如果还没有登录，一些选项是空白的，抖音登录后每个选项有许多音乐供你选择），搜索栏可以搜索歌曲、歌手。很多音乐节奏感都比较强，适合做卡点视频的背景音乐。听一下，觉得满意就点击右边的"使用"，建立这个卡点视频。

然后，把前面过渡的音乐给删掉，只要后面节奏感较强的部分。选中音乐条点击"分割"，把前面不需要的删除，把后面音乐往前拉动对齐。下一步很重要。选中这个音频轨道，下面有一个"节拍"选项，点击它，左边有一个"自动踩点"，点击打开，右边出现由慢到快的调节滑块，音频条也出现很多小黄点，踩点频率越快，这些小黄点就越密集。选择好了点击对勾。这时音频条都有小黄点了，这就是节拍点。下一步就是将视频与这些小黄点对齐就行了。

9. 文字变语音

剪映自带了文字变语音功能。在素材库选择一个黑色背景，然后在上面添加文字。点击"文字",再点击"新建文本",输入文字"大家好",再输入第二、三段文字。选中这段文字轨,点击下方"文本朗读"按钮,出现阳光男生、动漫小新等选项,选择某个声音,点击对勾,这个音频就有了。也可以用上面的方法改变声音,如把男生变成女生声音。声音还可以变速,如选中一段音频,在下面菜单栏中找到"变速",点击它,就可以调整音频的速度了。

10. 录屏与下载视频合并问题

手机录屏的外边尺寸一般是9∶16,其他视频网站,如好看、西瓜视频下载的尺寸是4∶3,两者合并必须将录屏尺寸变为4∶3。剪映操作方法:导入录屏视频,此时比例为9∶16;选中视频条,再点击"编辑",将竖屏旋转为横屏;点击"比例",将尺寸改为4∶3;分割、调整后导出。

实体企业抖音视频制作者掌握了以上十条使用剪映的技能,相信基本可以满足企业日常运营中关于产品、品牌、企业等主题的常规短视频制作了。同时,我们也会在后面的章节为大家引入案例,以案例实操的形式,成功制作一个短视频,帮助大家理解上面的技巧并运用。

第33招 剪辑案例实操

本节是一个完整的图文范例,把短视频从初始剪辑到最终发布,做一个完整的展示。以帮助企业抖音运营者更好地理解并运用前面章节中所介绍的剪辑软件的理论知识,进一步提升读者的实操能力。我们选用目前抖音用户热衷使用的剪辑软件——剪映来展示案例,因为剪映是抖音官方产品,同时也是跟抖音兼容性是最好的。

1. 选取素材

如图 33-1 所示,导入视频并进行基本设置。

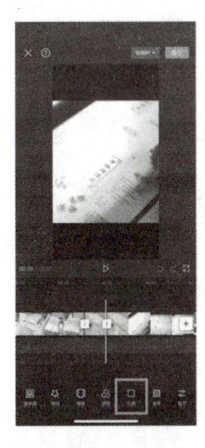

点击-开始创作,作品上传　　点击-比例按钮,打开比例操作栏　　点击-9:16比例选项,调整画面比例　　用双指拖动视频区域,调整视频大小

图33-1　视频尺寸设置

(1)设置大小比例,在软件下方的操作栏选择"比例",然后选择想要的尺寸,通常会选择 9∶16。

(2)在操作栏,可以用手指自由地拖动,放大和缩小视频,直到调整合适为止。

（3）设置背景，在软件下方的操作栏选择"背景"，然后会看到三个选项（图33-2）。

画布颜色：可以自由地修改背景颜色。

画布样式：可以自由更换背景画面，并且可以上传手机里的图片。

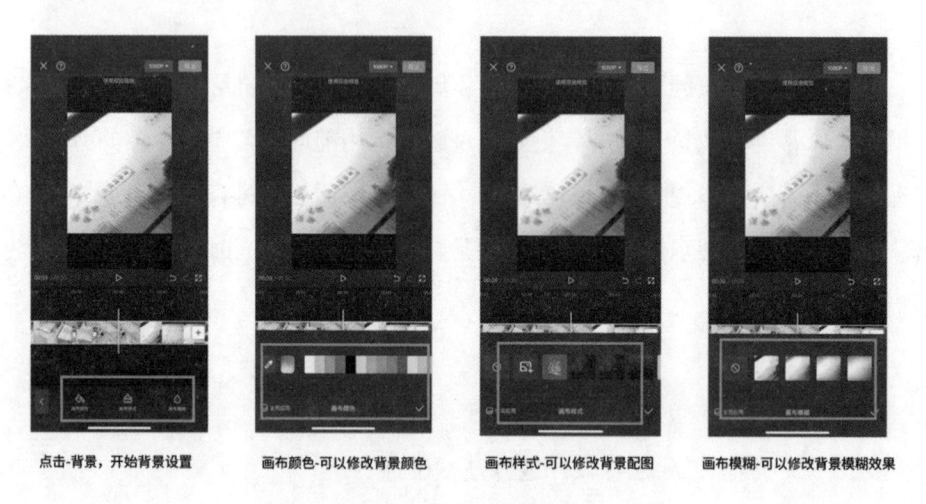

图33-2 视频背景设置

画布模糊：可以设置背景模糊效果。

如果是利用计算机制作视频，建议画面比例设置为9∶18。因为目前多数手机是全屏的，9∶16的画面在很多手机上容易被遮挡，9∶18可以保证画面的完整性。

2. 基本的剪辑

选中视频素材，将时间轴拖到想要进行剪辑的位置，然后点击软件下方操作栏上的"分割"选项，就可以将视频分成两段，根据需要进行剪辑，让视频内容变得更加流畅。

被剪辑后的部分视频内容，如果需要删除，只需选中需要删除的视频，然后点击软件下方操作栏上的"删除"选项就可以删除了，如图33-3所示。

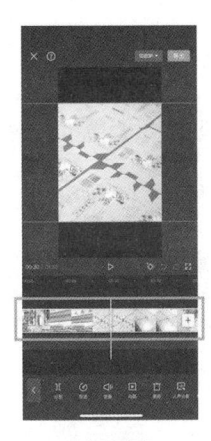

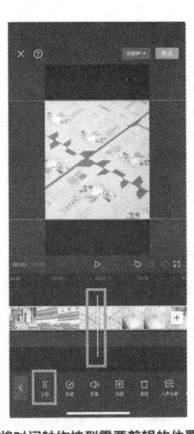

选中视频素材　　将时间轴拖拽到需要剪辑的位置　　剪切完成后，视频会成为两段　　选中其中一段视频，点击删除按钮
　　　　　　　　然后点击分割，进行剪切　　　　　　　　　　　　　　　　　　　　　　删除视频

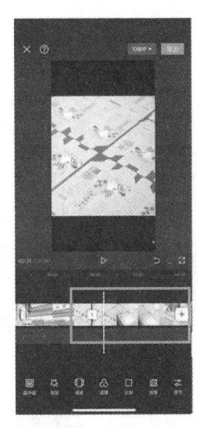

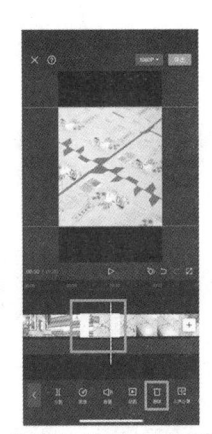

图33-3　剪辑操作

3. 片段过渡与转场效果的应用

在软件时间轴操作面板找到两段视频中间的"白框"，点击这个"白框"将会弹出一系列转场特效，企业运营者可以根据需求设置转场样式、时间和强度。

设置完成后，如果点击"全局应用"，用户设置的转场效果就会覆盖整个作品。转场效果的使用建议不要过多，当视频内容有较大跨度的空间、时间变化时，再应用转场特效会比较合适，如图33-4所示。

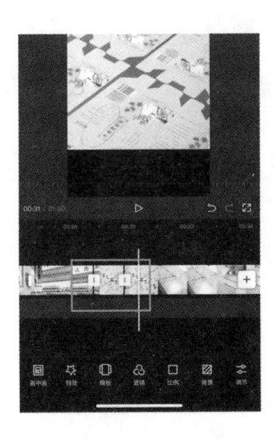

点击两段视频中的白色图标　　　　可以直接打开转场效果，调整样式、
　　　　　　　　　　　　　　　　　时长、并应用至全部

图33-4　添加转场效果

4. 添加字幕

为视频添加字幕。在软件下方的操作栏上选择"文字"选项，会弹出：新建文本、文字模版、识别字幕、识别歌词、添加贴纸等项目，如图 33-5 所示。

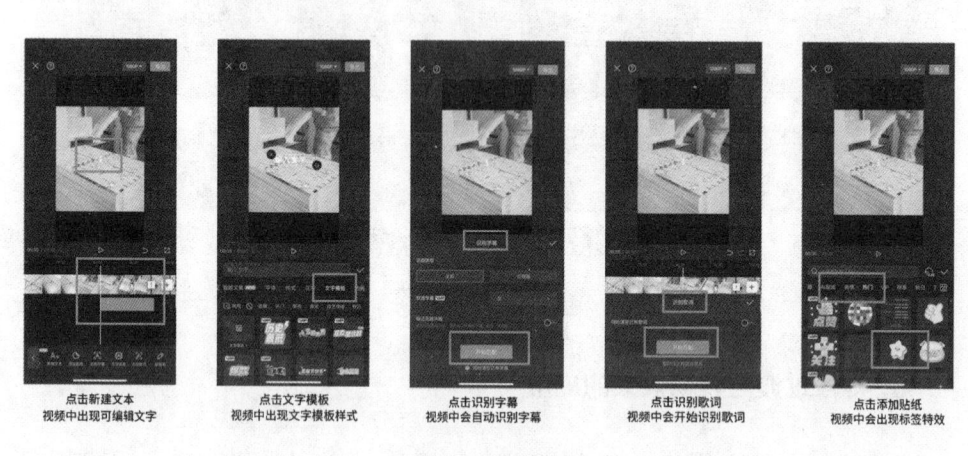

图33-5 字幕设置

（1）新建文本：可以新建一个文字编辑框，在编辑框内可以输入想要的文字，还可以对文字进行放大、颜色和样式等设置。

（2）文字模版：可以使用一些带有动态的文字样式，有多种分类。

（3）识别字幕：可以自动识别视频中的所有口播对话，然后转化成可编辑的文字文本，这项功能是制作视频时非常好用的文字编辑功能。可以对识别后的文字进行位置、大小和样式的修改，也可以对每个文本框进行单独的修改。

（4）识别歌词：可以识别视频中歌曲的歌词，然后转化成可编辑的文字文本，同样可以对转化成文字的歌词文本进行修改和编辑。

（5）添加贴纸：一些已经预设好的特效贴纸，效果比较酷炫，用户可以根据自己的需要进行添加。

5. 滤镜与色彩调整

当视频的剪辑、文字效果都制作好后，就需要对视频进行整体调色。剪映的调色功能有很多，这里只教大家最有效和常用的一套调色方法。在软件下方的操

作栏选择"滤镜"选项,然后选择"新增滤镜"选项,在滤镜库中选择一个合适的滤镜。这里有两点需要注意:

(1)不要进行滤镜叠加,通常使用一个滤镜就可以了,用太多滤镜会让画面不清晰。

(2)滤镜的强度最好控制在40%~60%,滤镜效果太强也会损坏画质。

为了让视频更清晰,千万别忘记对视频进行"锐化"操作。在软件下方的操作栏选择"滤镜"选项,然后选择"新增调节",在展开的选项组中选择"锐化"。

视频在进行整体锐化时,千万不要把锐化值开得太高,建议在30%~40%就可以了,指数太高,会让画面显得不自然。

选项组中的其他选项,根据视频特征进行设置,如图33-6所示。

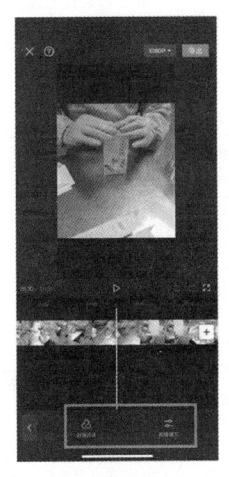

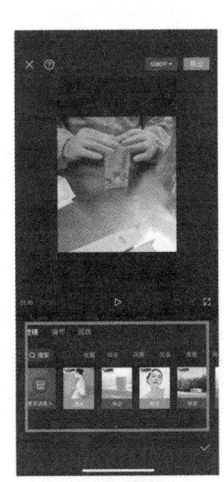

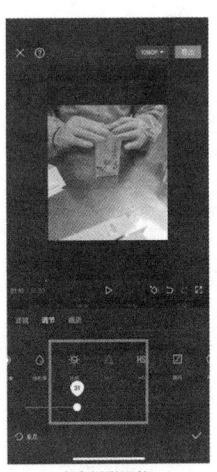

图33-6 滤镜与画质设置

6. 音乐选择与配乐

在软件下方的操作栏上选择"音效"选项,就可以为视频添加各种音效了,如图33-7所示。

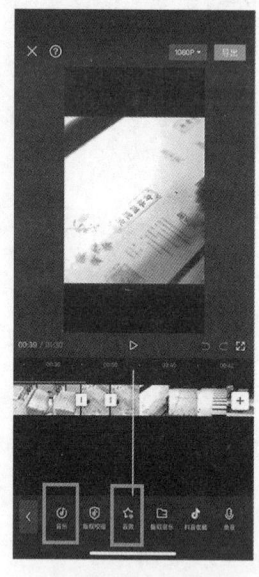

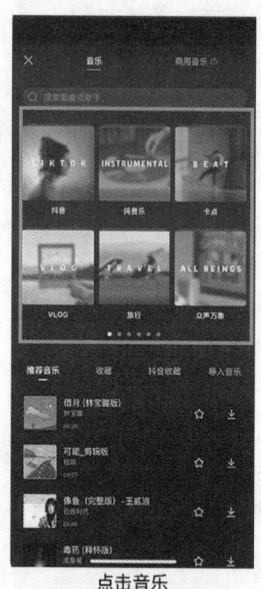

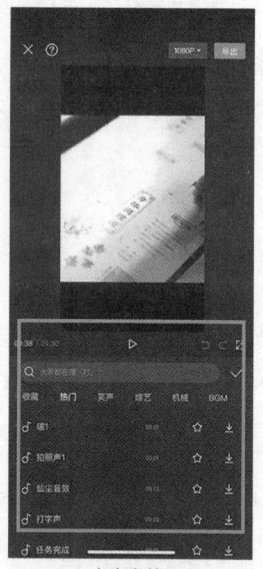

选择添加音乐/音效　　　点击音乐　　　　　　点击音效
　　　　　　　　即可为视频添加音乐　即可为视频添加音效

图33-7 音乐和音效设置

抖音本身就是主打音乐视频，"抖"占了一半，另外一半就是"音"。抖音的内容为什么这么好看，可以说，音乐起到的作用至少占50%。给视频配上不一样的音乐，往往能达到更奇特的效果。实体企业运营者朋友们，可以尝试着把手机调成静音，看30分钟的音视频感受一下。

视频音乐对视频起了关键性的作用，所以音频或音乐的选择，对于上热门的影响也是非常巨大的。那么，该如何选择音乐呢？当然要注意一些基本原则、技巧和方法。

基本原则有两个，一是选择抖音上的热门音乐，二是结合视频内容，根据内容选择最合适的音频。其实，第二点是重点，音乐风格与内容必须高度匹配。那么，如何寻找与视频高度匹配的音乐呢？具体有四种方法，如图33-8所示。

```
                    ┌─ 直接用抖音热门音乐
                    │
  寻找与短视频高度 ──┼─ 收藏同类音乐
    匹配的音乐      │
                    ├─ 多搜集音效素材网站
                    │
                    └─ 原创
```

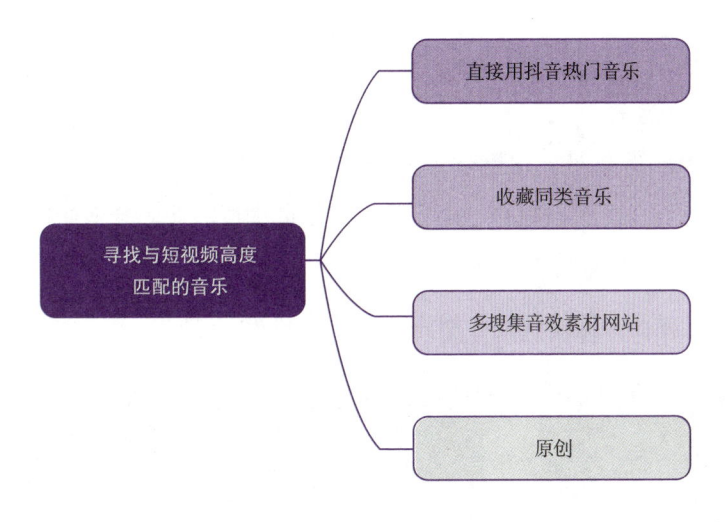

图33-8　寻找与短视频高度匹配的音乐

（1）**直接用抖音热门音乐**：抖音本身就拥有强大的音乐库，就像有些抖音用户说的，抖音上有从来不会让你失望的音乐。打开抖音，点击中间的"+"，选择最上方的"选择音乐"，进入抖音的音乐页面，往下拉就会发现有不少音乐，每一种音乐都进行了分类，然后根据视频内容筛选出最合适的。

（2）**收藏同类音乐**：当无意间刷到一条很火的视频，想要使用该视频里面的配乐时就可以收藏起来。直接点击抖音右下角的"抖音音乐"标识，点击"收藏"；然后再进入剪映中的音频菜单，选择"抖音收藏"，即可找到该音乐。

可以通过该音乐的使用人数，判断该抖音音乐的热度。然后在拍视频的时候按照第一种方法，进入"抖音收藏"选择该音乐开拍。

（3）**多搜集音效素材网站**：在网站上能找到很多音效素材网站，如爱给网、音效网，还有一些国外的音效素材网站，如 AudioJungle、Soundsnap 等。这些网站里面有音效库、配乐库、影视后期特效、游戏素材等。

（4）**原创**：原创难度较大，但非常有效，特别适用于想要原创音乐的实体企业，有条件的一定要做。在抖音用原创音乐拍视频，不但可以展现出视频独一无二的特点，上热门的概率比非原创音乐要高得多，因为只要平台判断你的音乐是原创音乐，给予的推荐量也会比其他多得多。

7. 完成作品导出与上传

视频导出前需要对视频进行必要的检查，点击右上角的"1080P"，就可以进入调整参数页面，而视频的导出参数一般来说选择默认的参数就可以了，没必要选择4K这样高的分辨率。调整完成后，在软件右上方操作栏点击"导出"按钮，进入导出界面，等待视频导出完成即可（图33-9）。

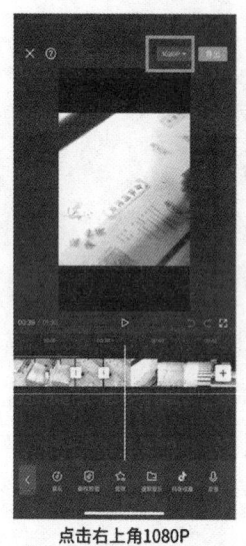

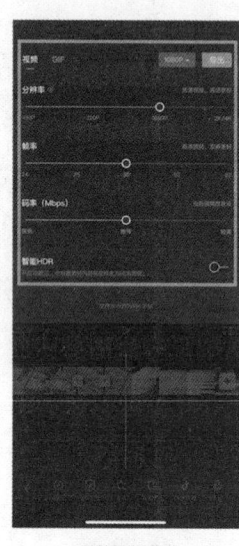

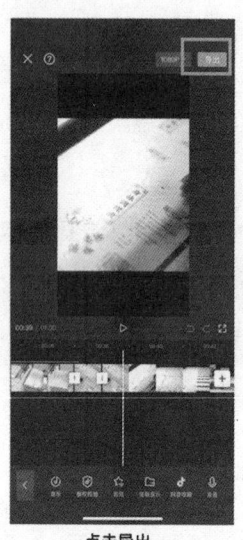

图33-9 导出设置

完成以上步骤，一条视频作品的剪辑制作实践就基本完成了，剪映这款软件的功能还有很多，以上7步是最基础，也是最实用的部分，后面还有两招，会教给大家如何给自己的视频增光添彩。

第34招 剪辑实操关键点一：封面

抖音是一个注重视觉、听觉的平台，我们都知道，在点击某个账号首页时，只会看到往期视频的封面，而无法看到视频标题。所以，在某种程度上，封面才是展示视频、吸引粉丝的第一要素。封面在整个视频中有着至关重要的作用，优质的封面既能提升视频的美感，又能帮助视频获得更多流量和播放量。

那么，如何选择视频封面呢？可以按照图34-1所示的两个原则进行。

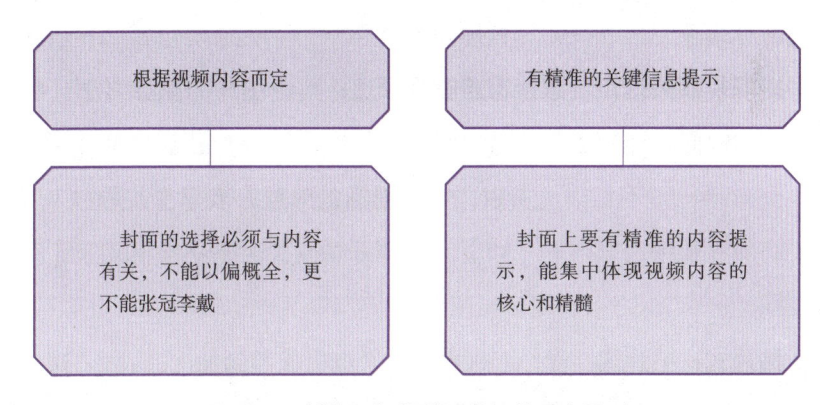

```
根据视频内容而定                       有精准的关键信息提示
        │                                    │
封面的选择必须与内容                   封面上要有精准的内容提
有关，不能以偏概全，更                 示，能集中体现视频内容的
不能张冠李戴                           核心和精髓
```

图34-1 抖音短视频封面选择的两个原则

在遵守以上两个原则的同时，在具体操作时还需要对素材进行选择，选择整个视频中最精彩、最关键的一帧作为封面。有三种常用的方式。

1. 实体企业出镜者或代言人本人形象照

将本人形象设为封面是一种深度人格化的运营策略，看似随意，其实很容易形成自己独特的风格，以塑造自身IP。直接用自身形象作为封面，视觉冲击比较大，这样的封面一目了然，很容易吸引别人观看。

2. 产品效果图

直接展示企业产品效果，例如有的食品类账号就用成品图或诱人的食物刺激粉丝；美妆类账号，就用上妆效果图让粉丝深入了解产品。这样有利于粉丝点开更多的相关视频，增加历史视频的播放量。

3. 创意文字

使用创意文字封面是那些运营好的大号们最常见的做法。很多时候，文字更容易给人深刻的印象，不仅能够让人们在最短的时间里获得知识，还有思想上的触动。

值得注意的是，在使用文字时不是简单地配字就可以了，还要注意效果，设计文学封面有很多方法和技巧，具体如下。

（1）**提取视频关键点，直接覆盖在视频上**：抖音用户的注意力是有限的，他们通过很短的时间做出判断，是否要继续看下去，你精心准备的大段文字，很有可能起不到效果，得不偿失。所以，在做封面的时候，要学会提取视频关键点，直接把文字加在视频最前面的几帧上。这样可以很直观地让粉丝区分每个视频的重点和不同。

（2）**贴片式**：贴片式，操作起来更灵活，也更能起到加深品牌影响力的作用，只需要设计好一个固定贴片模板，每次替换内容就好。这种贴片式的封面不仅操作成本低，也会让粉丝在潜移默化中加深对视频的印象和记忆，例如《每日经济新闻》财经栏目官方抖音账号"N小黑财经"就是采用这样的封面，如图34-2所示。

图34-2　N小黑财经抖音首页的视频封面

第35招 剪辑实操关键点二：特效应用与创意展示

抖音视频之所以吸引人，除了高质量的内容，另外一个重要原因就是特效的使用。精彩的特效，可给观众带来绝佳的视觉体验。

> 案例：
> Airbnb有一个抖音短视频，其文案是"初来乍到搞事情，全球民宿随心住，首次预订有礼金"。
> 很显然这是一个企业营销短视频，如果你不打开，可能会觉得这是个普通的推广视频。事实上，当你打开这个视频之后，就会看到众多特效效果。
> 打开视频之后先出现了一个Airbnb手机预订房屋的页面，这个页面上显示的是一个有十个房间的大别墅。随后，画面马上切换到另一个画面：两个年轻女孩，她们快步如飞，在这个偌大的复古别墅的楼梯上行走，似乎在寻找什么宝藏，看上去非常刺激。随后屏幕上又出现了一个房屋信息。这个房子在法国，是一对研究艺术的夫妇的房子，只有一个房间，但是可以欣赏到美丽的巴黎风景。接下来镜头切换到了一位坐在阳台上喝着咖啡的女士，她对面就是复古又时尚的巴黎风景。再接下来是一个树屋，这个房子挂在一棵大树上，所有东西都需要用滑轮搬运到树屋上，这种体验非常独特，并且镜头表现了两个男孩用一根绳子尝试搬运行李到树屋上的过程。当你还沉浸在树屋的体验中时，镜头中又出现了一个房屋页面，这是一座度假别墅，拥有超大豪华的天台游泳池，在这里可以观看最美日落，随后镜头快速跳到彭于晏的镜头，他此时正在这所房子里吹着海风，欣赏着落日，最后镜头上出现了"Airbnb爱彼迎，预订全球特色民宿"的文字。
> 这个视频一上传，就获得了六万多的点赞。

那么，这些让观众欲罢不能的特效，是怎么做出来的？是不是每个人都可以做出这样的特效呢？如何添加呢？

抖音短视频特效的添加有两种方式，一种是利用抖音自身的特效功能添加，另一种是利用特效软件添加外部特效。

（1）利用抖音自身特效功能添加：抖音自身的特效功能主要有两个，分别为滤镜特效和时间特效。其中每个特效含有多个细分功能，如滤镜特效里有下雪、水波纹、模糊分屏、黑白分屏等；时间特效里主要包括三个，分别为时光倒流、闪一下、慢动作。

（2）利用特效软件添加：抖音短视频精彩的特效除一部分是抖音自带的以外，很多都是使用外部视频软件做出来的。现在有很多特效软件，拥有强大的视频处理功能，大大丰富了视频的内容。

下面介绍几个最常用的特效软件。

（1）Bazaart：Bazaart是一款功能强大的视频编辑软件，这款软件不仅能提供最专业的图片剪切手法，更可以自动或手动删除任何照片的背景。该款软件的特色功能如表35-1所列。

表35-1　Bazaart的特色功能

功能	具体介绍
手势触摸	通过简单的触摸手势就可以进行选择照片、比例、旋转、复制等操作
一键去背景	一键去掉照片背景，尤其适用于海边、山顶、天空等大场景
添加多个图层	可以添加最多100个图层，并且每个图层可独立编辑且所有改变都是可逆的

（2）PicsArt：PicsArt是一款照片编辑软件，功能非常多，如直接绘图、图片编辑、艺术摄影、照片拼贴等，抖音上曾很火的画婚纱、画头纱就是源自这里。该款软件的特色功能如表35-2所列。

表35-2　PicsArt的特色功能

功能	具体介绍
超大数据库	拥有3000多种修图功能和美颜特效，1000多万个免费素材图片，以及超过300万张贴纸

续表

功能	具体介绍
手绘照片	对一张照片进行手绘处理，线条可以自己画出来
滤镜贴纸	滤镜贴纸非常多，如港式复古、美式涂鸦、杂志封面，以及女孩子最喜欢的梦幻电影质感、白色精灵

（3）InShot：InShot是一款视频编辑和幻灯片制作软件，用户通过软件自带的各种方便强大的功能，可以轻松制作出自己想要的各种效果，同时还能一键分享到各社交平台上。该款软件的特色功能如表35-3所列。

表35-3 InShot的特色功能

功能	具体介绍
转场特效	丰富的视频转场特效，过渡超级流畅和酷炫
多风格的潮流音乐	内置超多潮流音乐
视频录音	添加视频录音，可做解说、旁白等

（4）字说：字说是一款可以制作文字动画视频的软件，在手机上即可制作出有动画效果的文字动画视频。抖音上很火的滚动字幕大多数是利用字说来完成的，还可以语音变视频，一键生成文字动画视频。

文字动画有字体效果和风格可以设置。字体、文字颜色、特殊文字颜色、视频背景等均可自定义，可以做出个性的文字动画视频。

第4章

实体企业抖音运营：
吸引与留住粉丝

第36招 瞄准平台与产品的核心用户群体

粉丝画像是根据社会属性、生活习惯和其他行为等信息抽象出的一个标签化的粉丝模型，然后通过这个粉丝模型找到目标人群。同样，实体企业做抖音营销时，只有为你的目标受众精准画像，才能真正懂他们，从而让他们聚集在自己身边，成为忠实粉丝。

在为目标受众画像方面，抖音平台本身就做得非常精细。抖音的定位是做一款面向年轻人的音乐类短视频平台，它的定位决定了用户基本集中在18～35岁年龄段，而这批人恰恰又是这个社会上消费需求最旺盛的群体。因此，当你选择利用抖音做营销时，在某种程度上就抓住了一大批潜在用户。如果你所发的视频内容与抖音用户定位比较一致，那么，视频就会在短期内得到大量关注，你就会拥有大量粉丝。

在明确了抖音平台上的用户总体特征后，企业运营人员还需要围绕自己的产品进行用户细分。之所以要进行细分，目的是建立和丰富粉丝画像，这是为粉丝画像的关键，能使其更加形象化、立体化。

例如，蘑菇街是一个针对18～25岁年轻女性的电商平台，而这部分人恰恰是抖音用户中最活跃的一部分人，这部分人可直接转化为潜在用户。因此，当蘑菇街开通了抖音账号后，很快就收到非常好的效果，获得点赞量14.5万，粉丝近20万人。

抖音用户的标签只是基础数据，如果想建立清晰的画像远远不够，必须对更多数据进行细致分析，并赋予画像更多的元素，使其更加立体和饱满。

那么，具体应该如何细分呢？大致有三个步骤，如图36-1所示。

第一步 调研 → 第二步 分类 → 第三步 赋予元素

图36-1　用户细分的三个步骤

1. 调研

细分粉丝需要掌握更多的数据，这些数据是作为粉丝画像优先级划分的依据。企业运营人员可以根据调研后的这些数据进行划分。

2. 分类

调研之后就是以粉丝需求为目标，结合其行为、观点的差异进行分类，并在每种类型中抽取典型特征，赋予各种标签，最后形成一个画像框架。

3. 赋予元素

确定了粉丝框架，还需要添加一些特定元素使画像丰满起来，包括性别、年龄、爱好、地区等。但这都是基本元素，除这些基本元素之外，还需要使用更多元素，比如消费偏好、消费场景等。

在添加画像元素的过程中，需要注意元素不能太小也不能太大。如果细到每一个粉丝的每一个具体的生活场景，基本不太可能；但是如果颗粒度太大，只是年龄、地域、爱好、性别等，其对抖音矩阵的建立也就失去了指导意义。

第37招 善于挖掘粉丝的痛点需求

我们作为实体企业抖音运营者，一定要常常思考，我们的视频为什么没有粉丝关注？其实，最关键原因是没有抓住他们的痛点需求。

在拍摄或发布一个视频之前，我们必须问自己三个问题：

> 视频想向粉丝传递哪些信息？
> 粉丝为什么要关注你的视频？
> 粉丝能从视频中获得哪些好处和有价值的东西？

如果能回答以上三个问题，就意味着你抓住了粉丝的痛点需求，而一旦抓住了粉丝的痛点需求，那视频势必会获得更多人关注。

在这里有必要解释一下什么是痛点需求。人的需求大致有三种，分别为刚性需求、附加值需求、痛点需求。三种需求的迫切程度不同，对消费行为的促进也不同。刚性需求是"我想买"，附加值需求是"我要买"，痛点需求是"我不得不买"，三者是递进关系，刚性需求是基本需求，痛点需求是高等需求，当前一种需求得到满足时，自然会追求更高一级别的需求。三种需求关系，如图37-1所示。

刚性需求 → 附加值需求 → 痛点需求

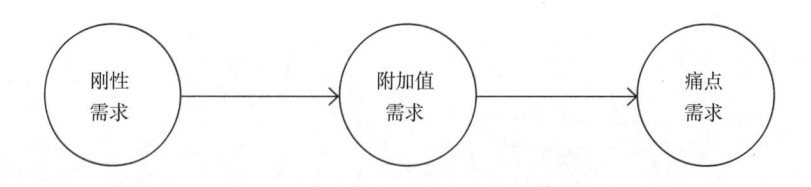

图37-1 三种需求关系示意图

满足痛点需求就是满足消费者最迫切，或超出预期的需求，解决他们感到最痛苦、最敏感的那一部分问题。痛点即痛苦，人们对痛苦的事情往往难以承受，找准令消费者感到痛苦的需求，然后集中全力去满足，那离成功就不远了。

比如菜刀，实实在在的刚需，家家需要，也正因如此，再好的菜刀也很难成为爆品，因为所有的产品只抓住了切菜、剁肉的普通需求，而没有解决用户痛点——菜刀使用过程中需要经常磨。这时市场上一款陶瓷刀由于很好地解决了这一问题而脱颖而出，这款永远也不需要磨的菜刀成了爆品。

很多企业做抖音营销，账号定位和企业人设模糊不清，你想要吸引的目标人群是谁？你能给他们提供什么样的价值？你有哪些个性鲜明的人设特征或产品服务吸引他们的关注？如果没有想清楚这些问题，就算做再久的短视频，都不会取得好的成绩。

唯有痛点才是最迫切的需求，唯有最迫切的需求才能令用户心动。如果你的视频仅仅满足的是用户刚性需求或普通需求，而不是最迫切的需求，那么很难是一个好视频。因此，要想获得更多粉丝，必须知道粉丝的痛点在哪儿，并根据这些痛点去做视频内容，解决令他们最痛苦的问题，让其产生不得不看的感觉。

第38招 学会照顾粉丝情绪

情感类的视频内容一直是一个很大的引流话题点，从博客时代，到微博时代，再到微信公众号时代，情感类视频内容的热度一直居高不下。纵观那些成功的企业抖音视频，都有一个共同的特质，就是"走心"，善于用情感触动粉丝的内心，从粉丝的情感需要出发，把情感融进营销中，唤起、激起粉丝的情感需求，引起粉丝心灵的共鸣。

要想做好抖音营销，获取粉丝关注，运营人员也必须会打情感牌，具体做法如图38-1所示。

> 站在粉丝角度找情感痛点

> 选择恰当的情感主张

> 打造情感场景，制造情感话题

图38-1 利用情感牌吸引粉丝的三个做法

1. 站在粉丝角度找情感痛点

企业做情感类营销时要从粉丝的角度出发，去感知他们对视频内容的看法、他们的情绪以及探究他们想要的东西。从自我的角度出发做的情感类营销，很容易误判粉丝对视频内容的理解，粉丝看不懂企业抖音做的视频内容，也体会不到视频所表达的感情，于是不能选择最恰当的情感主张。

每条视频一定是针对特定粉丝群体的，而粉丝群体有很多种情绪，所以我们在策划的时候就一定要利用好这些情绪，无论是用在视频标题上面，还是视频的文案台词上面，最大限度地照顾粉丝的情绪。

2. 选择恰当的情感主张

既然要打情感牌，那么就需要一个贯穿其中的情感主张。这个情感主张可以是亲情、友情、爱情，也可以是坚韧、顽强、拼搏、自立等一些美好品质。究竟如何找到一个最恰当的情感主张呢？以下文为例。

有很多月子中心做关于母婴的抖音号，就是针对准妈妈和新妈妈这一群体。这一群体中很多人有一种内疚感情绪，如陪伴太少，教育不够科学，或者没怎么给孩子买玩具等，这些都会让做父母的有一种内疚感。

同样，还有焦虑情绪，比如哄宝宝睡觉很艰难，或者宝宝脾气非常坏，爱扔东西，爱吃手，这都会引发焦虑。

假如在视频中能照顾到这些情绪，并且把这些情绪体现在视频塑造的场景里面，有针对性地设计标题或文案，就比较容易引发这一群体的情感共鸣，满足这一群体最核心的需求。这样企业只要能提供一些弥补方案、产品服务，就能解决痛点问题。

3. 打造情感场景，制造情感话题

利用情感赢得粉丝关注其实并不容易，很多企业账号都在走情感路线，但实际效果并不好。其原因就在于缺少一个场景和话题，如果只是在视频中硬性地嵌入某种情感，而没有场景的反衬、话题的引导，情感就会显得很苍白。因此，要想有好的效果，就要设计场景、制造话题。

一个具体的场景、好的话题能让粉丝更直观地看到视频的特性。比如你想要在抖音视频中展现一瓶化妆水，那么在文案中就应该营造出女性使用这款化妆水的场景，如约会、旅行、聚会等，粉丝就可以直观地感受到这瓶化妆水的特性，再据此判断是否值得点击观看。

第39招　制造有轰动效应的话题，激发粉丝好奇心

一个视频常常需要含有某个话题，因为只有话题才能激发粉丝的参与热情，有了话题，才能促使粉丝更深入、充分地参与到视频的互动中来，从而大大提升视频的浏览量、点赞量和转发量。

抖音官方经常会发起一些热点话题挑战，这些话题会引发大量的民众、网红或明星参与。假如你的企业在拍摄视频时，能结合这些话题，势必会提升视频内容的"含金量"。

抖音上曾发起一个"踢瓶盖挑战"的话题活动。这一活动引发了大批明星参与。功夫巨星甄子丹、世界拳王徐灿、影视演员谢霆锋等，他们纷纷录制自己开瓶盖的视频上传到抖音，获得大量关注和点赞，一众明星的纷纷加入，将这次挑战赛推上37.7亿次播放的高热度。

活动期间，一位账号为"玲爷"的韶关女孩也参与了话题，一连拍摄了4期"踢瓶盖挑战"的视频。从普通的踢瓶盖开始，后又拍了踢风油精瓶盖、高跟鞋开啤酒瓶盖、踢螺丝帽等多个挑战视频，这些视频大多能斩获两三百万的点赞量，大大提升了自身的知名度和影响力。

这个韶关女孩是一位全职短视频拍摄者，在这之前她是一名模特，由于平时喜欢看一些国外的挑战类视频，看多了自己也想尝试一下。她最开始拍的是扔墨镜、丢可乐瓶，2018年8月发布的一条丢可乐瓶的视频，一夜之间给她带来80多万的点赞量和100多万的粉丝，这对于当时粉丝基数只有几千的她来说，完全是难以想象的。

当然，涨粉并不总是一帆风顺的，再无所不能的人也会有焦虑的时候。曾经有三四个月的时间，她的粉丝数一度停滞不动，一条视频发布后只能涨粉几千或一两万。这和最初一条视频涨粉百万相比，落差实在太大了。没有新视频，伴随

而来的是账号热度下降，还出现了掉粉现象，平均每天掉粉两三千人，一共掉了近五万个粉丝。

为了满足粉丝的需要，她和团队不断提升视频中动作的难度。尽管高难度动作的视频拍摄周期长，常常七天到十天才能更新一次，但他们觉得为了保持品牌水准，这种坚持是有必要的。

最后，团队终于在"踢瓶盖挑战"中找到了机会。该活动将其特长充分展现出来，这对于在抖音上已经是一位小有名气，擅长做挑战类动作的她来讲，无疑是一次绝佳机会，截至2020年2月，她的粉丝已经超过1200万人，视频点赞量1.5亿次。

可见，要想吸引粉丝离不开话题。抓热门话题非常重要，话题的作用主要表现在三个方面，如表39-1所列。

表39-1 话题的三个作用

作用	详细解释
引流	热门话题流量相对较大，即使主题本身与内容不太相符，因为热门主题的流量非常大，在企业账号的冷启动阶段也会带来良好的流量
内容输出的前提	企业做抖音短视频营销，最基本要求就是持续稳定地输出内容，而内容持续输出的前提是一定要有自己的话题
确定视频主题	话题也是主题的意思，适当的主题可以帮助系统准确定位视频的内容，推荐更精准的粉丝，使企业账号在冷启动阶段获得更好的开始

当然，这个话题也不能随心所欲地找。一般来说，需要注意以下三点。

1. 与视频内容调性相吻合

话题要与企业视频内容调性相吻合，目的是能最大限度地体现视频的优势，关于这一点就不再赘述。从上述案例中可以清晰地看出来，选择的话题不合适，对视频内容的提升是十分有限的，甚至会起到反作用。

2. 话题要不断更新

一般来说短视频账号的内容三四个月会迭代一次，对于用户来说，可能今天特别喜欢这一个企业账号，但是连着十几天看这个账号的视频，用户的兴趣就会下降。如果加上账号本身的内容比较单一的话，就非常难突破。

3. 打造话题矩阵

所谓话题矩阵就是对话题做各种级别的划分，通常可分为 S 级、A 级或是突发状况的级别。

S 级话题，一般是容易引起粉丝共鸣或者具有讨论价值的热门话题；A 级话题是日常性质的话题，用作与粉丝的日常互动；突发状况级别的话题是根据粉丝特殊需求、特殊节日或其他特殊情况而定的话题。每周更新的视频也会给它标上不同的任务目标，比如周末一般是目标受众活跃度比较高的时候，所以 S 级的话题就会放在周六或者周日上午更新，周二、周三是粉丝活跃度比较低迷的时候，就会放一些其他级别的话题来更新。

另外，抖音之所以有大量粉丝关注，最主要的一个原因就是粉丝的好奇心驱使，包括美拍、秒拍、抖音火山版小视频等短视频平台也是如此，大多数人都是怀着好奇心去观看一段视频。假如这段视频足够新奇就会继续关注，反之，就会弃之。

这也促使视频运营人员思考，要想让自己的视频得到粉丝持续关注，必须善于激发他们的好奇心。然而，一个或偶尔几个能保持对粉丝足够的吸引力不难，难的是每个视频都有这样的效果。

第40招 利用标题给粉丝留下良好的第一印象

在之前的章节里，已经从多维度讲过了标题的重要性，这里要再强调一下如何利用标题给粉丝留下良好的第一印象。其实，好的标题有两个重要作用：一是激发用户兴趣，吸引用户点击；二是命中机器的推荐逻辑，争取上抖音热门。无论哪个作用，说到底都是为了辅助视频传播，获得粉丝浏览和关注。

好的标题能够辅助视频实现点击量过 10 万的小目标，获得大量粉丝，而不好的标题不但起不到这样的作用，反而有可能会埋没优质内容。那么，应该如何给视频拟写好标题呢？这里有六个方法，如图 40-1 所示。

- 把握标题字数
- 精准描述视频内容
- 抓住视频爆点
- 巧用疑问句
- 巧设悬念
- 增加代入感

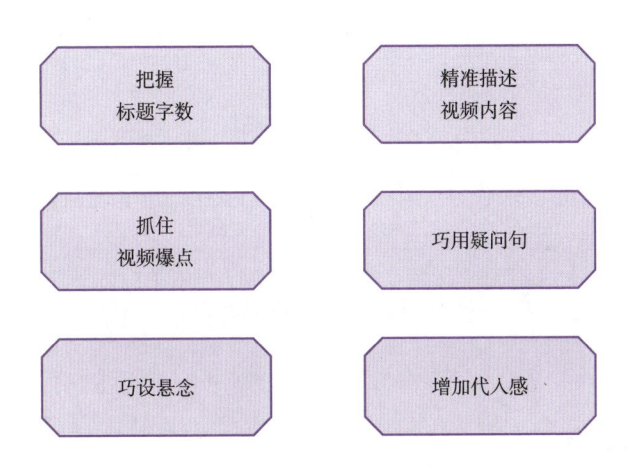

图40-1 为视频拟写好标题的方法

1. 把握标题字数

抖音平台对视频标题的字数是有要求的，通常为 10～30 字，除了之前讲过的标题党创作手法之外，20 字左右最佳。字数过多或过少系统都会自动提示不允许发布。需要注意的是 10～30 字包括标点、汉字、英文字母字符，有的符号占两个汉字空间，也记为两个字。

2. 精准描述视频内容

标题是对内容的高度总结，必须能精准地体现出视频核心内容，让粉丝通过标题就能知道整个内容。

同时，出于平台推荐的需要，也必须精准地体现内容，为其提供算法依据。一般来讲，抖音会依据标题，提取分类关键词进行推荐，这直接决定着随后视频的点播量与评论数。清晰的标题会更容易被算法定向推荐给目标用户，更容易让用户在海量信息的 Feed 流（持续更新并呈现在用户内容的信息流）中判断是否点击观看你的视频，并在此基础上形成"越播越推"的良性循环。

3. 抓住视频爆点

什么样的关键词才适合用来精准描述内容呢？答案是最能抓住视频"劲爆点"的词语。

同样的视频，100% 的内容在标题上进行了 200% 的展现，就是成功。所以，企业运营者要尽可能多地将视频中劲爆的点挑选出来并呈现在标题上，以此来提高标题的辨识度。

另外，尽量将视频内容中的爆点放在标题的开头，帮助用户"划重点"，降低阅读成本。

4. 巧用疑问句

标题的惯用句式包括陈述句、感叹句和疑问句，每种句式各有特色。其中陈述句表达完整性最强，应用也最为普遍，但其呈现相对不容易出彩；感叹句有利于表达态度与观点，但使用要避免流于形式，如"震惊！""美炸了！"只能抒发你的个人情绪；疑问句往往能够激起用户强烈的好奇心，引导效果一般比感叹句式更好。

5. 巧设悬念

短视频其实就是在讲一个短小精悍的故事，用标题讲故事是提升短视频吸引力、感染力的需要，更是提升传播力与引导力的关键。在 20 字左右的标题中，尽量讲好故事，制造悬念，激起用户的阅读欲。

"当无敌神算子遇上缺心眼子……"，看到这个标题的同时，不知你是否已经在心中问出一句"发生什么了"，并开始脑补内容的因果始末了呢？可见，高点击率的标题字数并不绝对，而会讲故事的标题总能引人无限遐想，从而促使用户点击观看。

6. 增加代入感

增加视频代入感，目的在于拉近企业与粉丝的心理距离，让其感受到视频内容与其切身利益息息相关。而一旦粉丝有意借短视频进行自我表达，便会激发粉丝在社交网络上的分享行为，很多爆款短视频也都由此而来。

常见的增加代入感的方式包括贴身份标签，在标题中点名"××星座""90后""北漂青年"等，直接圈定相应的目标人群，制造情感共鸣。

第5章

实体企业抖音运营：
营销与推广

第41招 明确抖音营销的优势

现在大多数用户的注意力结构发生了改变，短视频是为数不多的能够实现全网民覆盖的产品形态，它的特点是碎片时间可利用、生产门槛低、内容宽度广、用户领域宽、内容丰富。2018年2月15日，短视频流量第一次超越了综合视频，这体现了短视频的优势。

抖音作为短视频的主要平台之一，其优势也不言而喻，主要有以下三点。

1. 参与性

互联网的快速发展对消费者的消费理念产生了巨大的影响，逐步由单一的接受向深入参与转变。消费者消费理念的转变大致经历了三个阶段，如图41-1所示。

功能式消费 → 品牌式消费 → 参与式消费

图41-1 消费者消费理念转变的三个阶段

现在已经全面进入参与式消费时代，对于大多数实体企业而言，目前最迫切需要解决的是转变营销理念，转变对待消费者的态度和方式，研究消费者心理，加大其参与力度，挖掘消费者身上的卖点和潜力。

在这种背景下，参与式营销应运而生。参与式营销，顾名思义就是先让消费者参与、体验，再诱导他们购买。而抖音在参与性、互动性上具有其他传播方式无法比拟的优势，利用抖音进行营销可最大限度地促使用户参与其中。

与传统媒体相比，抖音最大的特点是参与性强，这个特点决定了实体企业营销人员可与用户进行更深入的沟通与交流。以网络广告为例，这种广告信息的传播是单向的，受众只能被动接受，难以实现互动。而利用抖音，信息的传播由单向转变为双向，买卖双方可即时交流，深入互动，受众的参与性大大提高。

利用抖音进行营销可最大限度地吸引用户参与到营销过程中来，从而大大提升用户体验，增强用户对品牌的黏性。

2. 传播性

传播形式多样化、传播范围广、传播速度快，是抖音深受大众喜欢的主要原因。这也使得其具有引爆的特点。一个事件或者一个话题，通过抖音能够更轻松地进行传播和引起关注。

抖音推荐流量完全由官方掌控，所以能最大限度地满足优质内容曝光，对平台的调性建立起到了举足轻重的作用。

3. 社交性

社交性是新媒体平台的共性，大多数平台都带有一定的社交性。如映客、花椒等，以聊天互动、交流交友为主；虎牙等以游戏细分领域为主；QQ、微信、微博等，以社交为前提，即先依靠高度娱乐化的内容吸引粉丝关注，然后利用粉丝黏性打造更有价值的内容。

如今抖音仍是以社交为基础，且社交性更强。而且较其他短视频平台不同，其社交性更鲜明，不仅是短视频的分享平台，更是其粉丝社群的社交平台。

在抖音中，有个非常创新的版块——达人话题，这部分运营采用用户（主要是达人）发起—官方助推—用户参与—优先曝光的方式进行运营。

例如，"阿拉善SEE公益机构"在抖音上发起了"精灵守护挑战"，多位生态环保公益达人带领大家了解学习自然生态，同时还为乡村孩子捐书。这一活动就具有社交性，引发了大量用户参与。

达人话题相当于为用户提供了生产优质内容的命题以及参考范本，降低了优质内容的生产门槛以及中心化效应。

在抖音内容自生长阶段，这一运营方式帮助抖音完成了从内容生产到分发到消费均在用户内部推进的有机自循环，让运营效率事半功倍的同时，还能保证内容与定位的契合度和完成度。更重要的是，这为抖音社交氛围的形成，起到了铺垫作用。用户通过拍摄和上传短视频来吸引关注，同时带动抖友之间的视频创意比拼。相比传统营销模式而言，动态的短视频社交模式呈现出更强的交互性和参与性。

第42招 熟知抖音对企业营销的促进作用

我们知道，不单单传统实体企业，甚至连线上行业都在花大力气做抖音营销。这也充分说明抖音对企业营销来讲十分重要，它具有多重正面作用。那么，这些作用具体体现在哪几方面呢？经总结有以下四个，如图42-1所示。

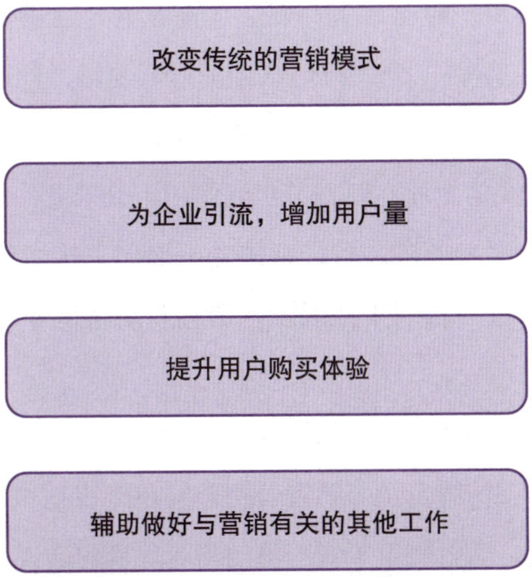

改变传统的营销模式

为企业引流，增加用户量

提升用户购买体验

辅助做好与营销有关的其他工作

图42-1　抖音对企业营销的作用

1. 改变传统的营销模式

抖音对营销的作用集中表现在对营销者思维模式的改变上。以往实体企业做营销工作时，通常是先对产品进行策划、定位，然后再制订策略、确定渠道、寻找市场。在抖音中，这种做法已经不再适用，抖音营销属于新媒体营销，核心不是卖货，而是吸引粉丝、引流，通过高质量内容获得粉丝喜欢、认可，然后再以这条情感纽带触发购买行为。

例如，挑战赛是抖音在2017年7月上线的一个功能，这个功能吸引了众多用户参与，产生了亿级的流量。不少实体企业、品牌也看到了挑战赛巨大的商业价值，知名凉茶王老吉就是其中之一。

王老吉通过抖音挑战赛率先开启了 2019 年"过大年"热潮。从 2019 年 1 月 10 日到 1 月 16 日，王老吉以"开启美好吉祥年"为话题发起短视频挑战赛，其间播放总量超过 44.5 亿，参与人数超过 40.7 万人。

经过短短 6 天长尾流量的扩散，其话题"开启美好吉祥年"成为平台热议内容，其定制背景音乐《吉运当头》也成为热门。

王老吉这场抖音挑战赛之所以能够吸引如此多人参与，让自己的产品在春节营销红海之中脱颖而出，时机、头部效应、资源整合运用是三大关键。抖音挑战赛遵循了一条 KOL 示范，全民模仿众创的运营逻辑，同时，抖音为其加磅开屏、热搜、定制贴纸等流量入口资源，可以在短时间内让品牌得到巨量曝光，也正因如此，抖音成为实体企业在特殊节点营销中十分乐意使用的营销工具。

其实，从某种角度上来讲，抖音营销并不提倡直接卖货，与粉丝也不是买卖关系，而是重在通过一系列生活展示、情感互动来诱导粉丝追逐自己的生活方式。

传统营销与抖音营销的区别，如图 42-2 所示。

从图中可以看出，传统营销与抖音营销差别在于核心和策略上的不同。前者侧重于对产品的打造，后者侧重于对粉丝的培养。换句话说，一个是以产品为出发点制订营销策略，一个是以消费者为出发点制订营销策略。正是因为出发点不同，因而所采取的营销策略也截然不同。

前者从企业产品策划到消费者购买，基本上是一个环环相扣的过程，任何一个环节出现问题都可能影响到最终的效果。后者则不同，卖什么、如何卖已经不是重点，关键是要能够拥有一批高质量的粉丝。粉丝不是普通意义上的消费者，他们产生了购买行为，而且还在用这种行为对产品表达一种情感，这种情感往往会带来更大的价值。

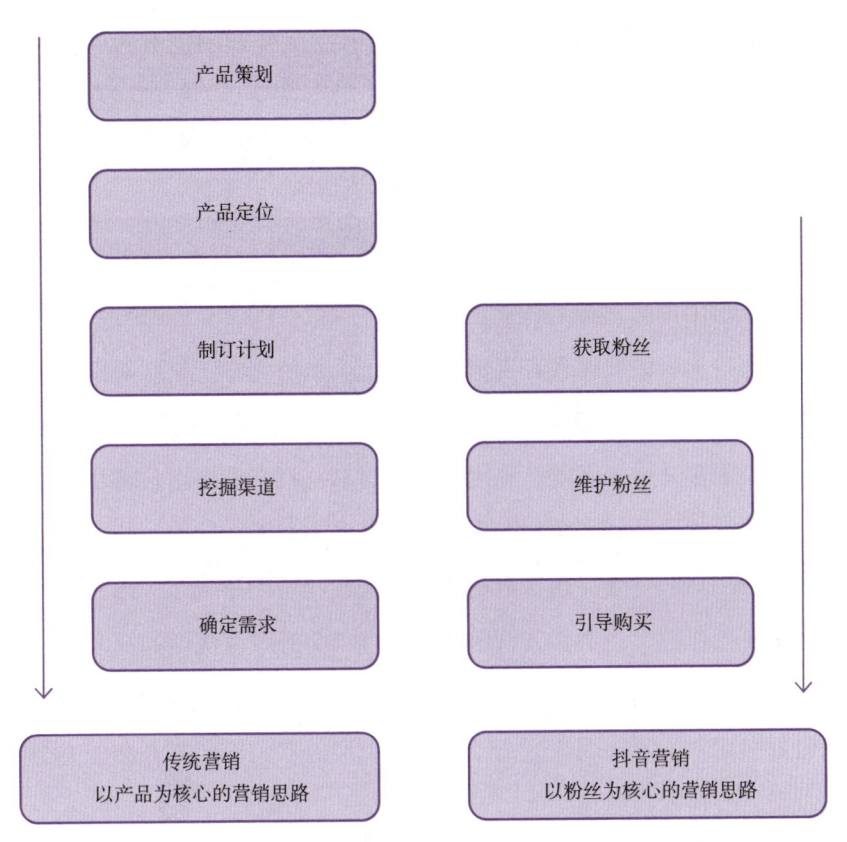

```
传统营销                    抖音营销
产品策划                    获取粉丝
产品定位                    维护粉丝
制订计划                    引导购买
挖掘渠道
确定需求

传统营销                    抖音营销
以产品为核心的营销思路      以粉丝为核心的营销思路
```

图42-2　传统营销与抖音营销对比图

抖音彻底改变了以往传统的营销模式而采用框架反转，即不是以"卖产品"为核心，由卖方被动向消费者推销，而是"以人为本"，以"消费者需求"为导向，要消费者反转主动来卖方这里买。

2. 为企业引流，增加用户量

抖音蕴含着巨大引流作用，有"一呼百应"的传播效果。抖音引流能力之所以强大，是因为在内容上有精准的引导，站内资源也起到了强势助推作用。

仍以王老吉参与抖音挑战赛为例，抖音黄金硬广告资源也是成就四十多万亿播放量的关键因素。这些黄金资源矩阵覆盖了开屏、信息流、发现页 Banner（横幅广告）、热搜等。除此之外，王老吉之前的竖屏大赛的前十名的作品也在挑战赛页面聚合，让王老吉的"吉文化"通过不同的内容得到了强化。王老吉在抖音开设了自己的官方蓝 V 账号,在竖屏大赛和挑战赛期间也成为引流的一个重要途径。官方账号会配合发布挑战赛 KOL 的示范视频,一般都能获得数万甚至十几万的点赞。

3. 提升用户购买体验

抖音可以给用户高质量的体验。

抖音的用户体验主要体现在高清的画面上。众所周知,抖音对网络、宽带的要求非常高,为什么?因为网速越快,清晰度越高,播放的流畅度越高。近年来,宽带总量的提升使抖音的清晰度也大幅提高;抖音宽带增长将主要取决于秀场网络抖音的继续普及和高清拍照手机对清晰度需求的提升。

为了提升用户的感受,现在有些平台已经在抖音中植入了 VR 技术,这项技术如果能大规模地推广,对抖音营销的体验性将会有更大幅度的提升。总之,在未来,高清及其以上的抖音视频将会越来越多,因为只有良好的观看效果和体验才能吸引更多用户,留住用户。为了自身的发展,各大平台势必会加大投入,引入高频宽带,改善视频质量。

4. 辅助做好与营销有关的其他工作

企业抖音的应用非常多,不仅仅可以用于营销,还可以运用于与营销有关的一切工作。营销工作是一个完整的体系,往往有很多环节,需要多部门配合,在整个过程抖音都可以参与其中。

例如从产品投标融资、项目路演、产品产生、产品宣传、大型促销活动、营销年会总结等都可以通过抖音的方式展现。通过抖音让实体企业的每次营销活动都收到预期效果,得到快速扩散和传播,既有利于企业文化内部的传承,也有利于客户及时了解企业营销动态,增加对企业的认可和信任。

第43招 对抖音平台进行营销定位

实体企业做抖音营销，首先需要明确通过抖音向受众传递哪些信息。抖音在营销中可大致扮演四种角色，分别为：展现企业和品牌形象；为用户提供产品和服务；向用户普及与产品或服务相关的知识；与用户互动，增强用户忠诚度。根据抖音平台扮演的四种不同角色，可以将企业账号分为四种类型。

1. 售卖型

企业选择做抖音营销的主要目的是拓宽产品销售渠道，让更多消费者认识产品、了解产品，进而购买产品。例如361、安踏、麦当劳等实体企业在抖音上直接展示产品，利用的就是抖音在产品展示、销售方面的作用。

由于视频效果远远高于图文，因此，抖音在产品展示上有着巨大优势，可以充分地展现产品，让消费者全面了解、体验产品，这已是不争的事实。

抖音短视频可以全方位地呈现产品，以更充分地调动受众的多重感官系统。几分钟的短视频所达到的效果往往就能胜过一场几十分钟，甚至几小时的现场推销。

2. 推广型

利用抖音对产品进行宣传和推广。除了可以当作销售平台，抖音还有一个重要作用，即促使广告从大众传媒向社交媒体的转移。可将抖音定位为产品、服务、品牌宣传、推广的平台，将其当作一个线上引流工具。主要目的是扩大企业自身，或产品曝光度，增加大众对企业或产品的好感。

例如，小米抖音账号之一"小米员工的日常"，其视频是一系列的工作之外的日常场景，包括发工资、吃饭、同事之间的沟通、锻炼身体等，很琐碎但趣味性十足，接地气，最大限度地展现了小米公司的文化氛围，吸引了大量米粉的关注。

3. 知识普及型

向大众普及与产品有关的知识。抖音的本质是社交，核心是促进人与人之间的信息、情感交流。因此，千万不能将抖音单纯地当作一个销售和推广的平台。毕竟，人们看抖音起初并不只是为了消费、购买产品，大多数人内心真正的需求还是为了获取某方面的信息、体验某方面的乐趣、了解有关的知识等。

因此，企业在进行抖音营销时，还必须将之定位为一个供用户学习、休闲和沟通的平台，实现知识的传播，满足用户的深层需求。只要把握得当，在满足用户需求的前提下，就可以以知识带动消费，使企业、产品在用户心中形成良好的印象，实现口口相传，进而达到销售的目的。

当然，所谓知识的传播也是有技巧的，要想既能满足用户需求，又能兼顾企业的需求，达到双赢的效果，就必须要找到基准点，即企业的核心产品和业务，再围绕基准点向四周扩散。

如保险公司，核心产品是保险，那么就可以以此为基准，提供一些与保险有关的知识。再如做美甲的商家，核心服务是美甲服务，就可以教粉丝一些做美甲的技巧。

以传播知识为主，销售为辅，不仅更益于全面展示产品和服务，还能深入地与用户交流，了解用户需求，强化用户的忠诚度，弱化用户对直接销售的反感情绪。

4. 互动型

利用抖音与用户互动，维护客户关系。众所周知，客户资源是实体企业最重要的资源，客户关系管理也被认为是企业管理不可或缺的部分。而在移动互联网时代，客户关系管理更加重要，任何企业无论规模大小，实力是否雄厚，如果不重视客户关系管理，那么很快就会失去发展的动力。

在客户关系管理上抖音更有优势，这是源于抖音平台自带的社交属性，可使主播与粉丝实现超强互动。抖音视频有很多细分领域，每个细分领域聚集了一大批有着共同兴趣、爱好的人，而这些人依据喜欢的内容就形成一个个社交圈。一个细分领域就是一个社交圈，圈中聚集着大量有共同兴趣爱好的人。例如美食，在抖音上美食类视频是非常重要的一类内容。有的人直播吃东西就可以播很长时间，几十分钟甚至几个小时。为什么一个简简单单的"吃"都能深受欢迎？吃在日常生活中确实无聊至极，但在抖音上，因有更多的人不断互动会变得异常有趣。总有那么一部分人喜欢美食，是彻头彻尾的"吃货"，他们认为这就是乐趣，就是享受，吃的任何细节都充满了诱惑。再加上即时互动，让直播就像朋友间的聊天，好的内容一起分享，坏的内容可以一起吐槽，时间很快就过去了。

第44招 掌握抖音营销的四种营销模式

抖音营销作为一种新营销方式，与传统营销有很大区别，不同的营销方式有不同的模式。抖音营销有着不一样的营销模式，常见的有四种模式，分别为购物模式、广告模式、明星秀和场景模式。

1. 购物模式

购物模式其实就是"抖音+购物"，边聊边购物。实体企业之所以选择利用抖音来营销，最关键的原因就是可以迅速抓住一部分消费者，促使他们在线上线下直接形成购买力。事实证明，"抖音+购物"的模式往往可促成大量成交额，单品转换率极高。不过，这种模式运用范围非常有限，通常仅限于电商企业，如淘宝、聚美优品等，以及专门以直播为卖点的实体企业和商家，基本实现了边看边买的新型购物模式。用户在看视频的过程中就可以直接下单，大大提升了销售转化。同时，这类模式受众范围也比较小，多为"90后""95后"人群，这一人群是短视频消费的中坚力量，是抖音消费的主力军，他们追求新潮与个性，容易接受新思想，敢于尝试新事物。

2. 广告模式

广告模式，是指在抖音中植入广告，以此来扩大企业和品牌曝光度、知名度，提升企业、品牌在消费者心目中的影响力。抖音开通了广告投放的入口后，我们最常见的是信息流广告，用户在刷视频时，刷出来广告主投放的视频，可以直接点击观看。从这个角度看，抖音带给实体企业的不仅仅是产品销量的提升，还有宣传力和广告效应。

广告需要的是曝光，抖音庞大的用户量使其成为一个巨大的流量池，从而增加品牌和产品的曝光度。这意味着一种新兴广告形式将崛起，从产品特性出发，基于特定场景的体验式植入。抖音广告与过去传统广告相比，更容易被用户接受，因为可以更好地运用社交属性，进行场景设置，受众对广告的抗拒大大降低。

3. 明星秀

随着影视明星、网络红人的参与，"抖音＋明星抖音秀"模式快速走红，让明星直接为企业卖产品也成为企业新玩法。《悲伤逆流成河》原本仅是近年来众多青春疼痛电影的其中一个缩影，最初猫眼给出的票房预测是八千万元。而上映前一周抖音与片方共同发起的"为沉默发声"的公益接力行动，吸引四十余位明星参与，话题播放量过亿，最终实现了四天过亿的票房成绩。

任何一家影视营销公司都无法把一部影片的所有内容和元素解构出来进行传播，而抖音通过对年轻用户的审美感知，把握住校园霸凌的核心信息，将其对严肃话题的关注转化为对电影的观看欲望。与此同时，抖音与片方也陆续成功打造了《延禧攻略》《一出好戏》《西虹柿首富》等头部内容的营销案例，为互联网营销提供了不少新启发，被称为"娱乐营销强阵地"。

由于明星、网红自带流量，成为很多实体企业的首选合作对象，很多明星和网红纷纷参与抖音，以短视频的方式缔造了一种新的营销模式。

4. 场景模式

场景对消费的引导作用非常强，将某个产品置入一定情景中，可以让产品更好地融入当时环境，促进用户潜移默化地接受。比如我们看某部非常火的电视剧、电影，男女主角的着装、语言，包括饮食习惯都会成为关注的重点，有很多粉丝甚至会刻意去穿同款衣服，模仿他们的言行等。其实，这就是场景化的作用，但在抖音出现前，这种场景化相对来讲是比较弱的，抖音的场景化作用更强，针对性也更强。

例如，某实体商家通过抖音卖小龙虾，他不会直接介绍小龙虾有多美味，价格是多少，而是将其植入某个场景中，现场直播捕捉龙虾、烹制龙虾等，这样更容易促使消费者对视频内容产生认同。

了解完抖音营销模式，还有一个必须要提到的产品方面的知识——挑选适合抖音营销的产品。实体企业做抖音营销时，应根据自己的生产线情况选对商品，这是最主要的一个步骤。自从抖音上线后，被其带火的商品五花八门，稀奇古怪，但如果仔细分析就会发现它们有一些共性。接下来就分析一下，抖音爆款商品有如图44-1所示的四个特点。

```
                    ┌─ 锁定年轻消费者
                    │
                    ├─ 性价比高
抖音爆款商品的特点 ─┤
                    ├─ 有创意、好玩
                    │
                    └─ 实用价值高
```

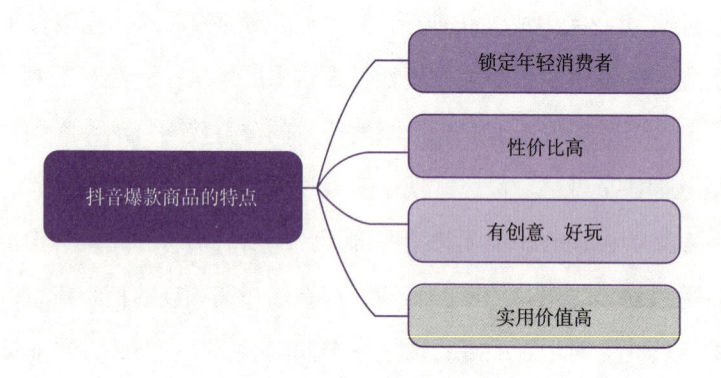

图44-1　抖音爆款商品的特点

1. 锁定年轻消费者

抖音的目标受众很明确，主体是"90后""00后"，而这部分人在消费偏好方面也很有特色，他们喜欢追赶时尚，喜欢新潮、炫酷的东西。

因此，在抖音上推销商品首先必须锁定这部分人的需求，否则再好的商品也会被冷落。曾经有一款吸尘器，因功能强大、多样化而在实体店销售火爆，但是在抖音上销量不高，原因就在于吸尘器的受众对象不是年轻人。在抖音上面火爆的商品，必须是年轻消费者爱玩的东西。

2. 性价比高

当下年轻人工作、生活、学习压力都非常大，常常表现出寂寞、焦虑，而一部分人会通过看或买新鲜的东西来缓解这种心理。他们更青睐性价比高的东西，这也是在抖音上火爆的商品大都在100元以下的原因，不用花大价钱就能买到好玩的东西，何乐而不为。

3. 有创意、好玩

年轻人喜欢创意，喜欢表达自己，所以使用的商品也必须要具有创意、好玩、新奇等特点。

例如，可以吃的iPhone。包装盒里面装的不是苹果手机，而是巧克力。送给朋友时，打开盒子的体验有惊喜感，让人觉得有趣，这样的商品本身就可以支撑一个视频的创意点。

再如，"小猪佩奇社会人"手表。这是一款根本没有手表功能的手表，打开手表包装，里面居然是奶糖。小猪佩奇其实跟"社会人"本身是没有关系的，但在偶然的情况下被捆绑在一起，就建立了某种基于身份的象征意义。有人说可能这就是所谓的用童趣来瓦解复杂社会。

从心理学角度来讲，人人都喜欢新奇、新鲜、好玩或者可爱的东西。再加上相对较低的价格，这绝对是抓住年轻用户的一个大招，让这些商品很快成了抖音爆款。

需要注意的是，在推广初期一定要提炼出企业商品最有特色、创意的属性，引发一波狂潮后，可以持续开发其他的创意点。你们的商品只要有足够的创意，满足用户的需求，引发讨论和话题，商品就会火爆。

4. 实用价值高

如果你们企业的商品没有新奇好玩的点，那起码要有一定的实用性，这样才能抓住一部分用户的需求。例如自拍杆手机壳，充当手机壳的同时还可以变形为自拍杆；再如切菜神器，切菜再也不用害怕伤到手。这些商品都戳中了大多数人的最基本需求，解决了他们在生活、工作和学习中遇到的问题，这也是为什么抖音上有很多小商品，看起来很普通却能获得广泛的关注。

第45招 直观展示商品，以实现高效转化

要想实现高效转化，首先要掌握抖音购物车的用法。很多人都熟悉淘宝、京东等电商网站上的购物车。购物车主要用于储存用户感兴趣但暂时不买的商品，当用户在浏览页面时，可将感兴趣的商品放在购物车里。用户对于感兴趣的商品点击"加入购物车"，即可跳转至商品"种草页"获得更多商品相关信息。

抖音购物车功能致力于帮助广大用户发现新鲜好物，让好物分享、即时获取成为可能。同时为商家提供了直观展示与高效转化的平台，助力更多商家在此平台上实现流量变现，驱动营销。

为了让商家运营者更深入了解购物车相关知识，迅速玩转购物车功能，推出更加优质的购物车内容，抖音官方推出了多个便捷好用的购物车工具，具体有四个，如图45-1所示。

```
                        ┌─ 电商小助手
                        │
                        ├─ 抖音电商学习中心
         购物车工具 ────┤
                        ├─ 抖音购物车规则中心
                        │
                        └─ 商品橱窗消息公告
```

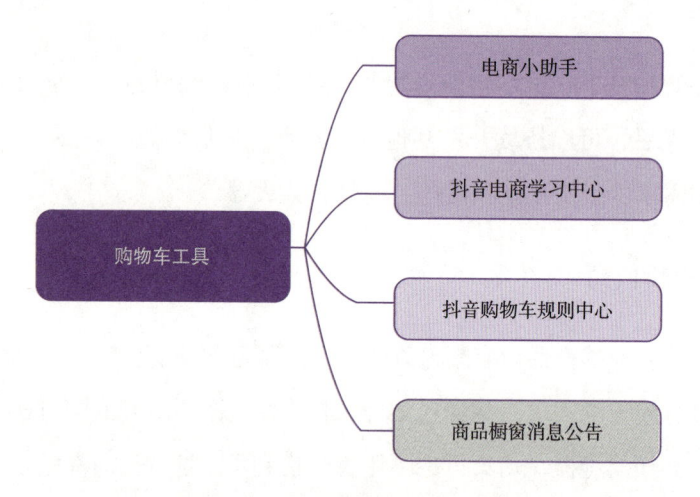

图45-1 便捷好用的购物车工具

1. 电商小助手

电商小助手是抖音购物车功能唯一官方教学账号。所有官方规则、公告发布、课程上新、活动通知都会第一时间通过电商小助手上线，并且会定期安排直播课程。实体企业一定要保持关注，实时获取最新动态。

2. 抖音电商学习中心

抖音电商学习中心是抖音为自媒体用户提供的电商变现工具，帮助自媒体用户拓宽内容变现渠道。店铺开通后，可以在头条号、抖音火山版个人主页展示专属的店铺页面。小店的商品可通过微头条、视频、文章等多种方式进行展示曝光。抖音电商学习中心是为所有开通商品橱窗功能的用户提供的专属学习频道。抖音电商学习中心内容涵盖基础功能介绍、官方课程培训、官方消息、即时通知、活动公告以及商家圈等，实时更新，推荐大家养成日常浏览的习惯。

3. 抖音购物车规则中心

抖音购物车规则中心是帮助购物车内容创作者了解购物车玩法的频道，具体可以通过以下路径进入。

商品橱窗—规则中心，进入频道学习包括《抖音购物车商品分享社区规范》《抖音平台禁止分享商品目录》在内的相关规则规范。

也可以在违规公示板块了解最新的违规处罚通知，并在常见问题板块对规则中常见的问题进行问答。

4. 商品橱窗消息公告

商品橱窗消息公告位于置顶位置和右上角的公告中心，主要用于及时发布上线活动通知、教程上新通知、问卷收集等信息，点击详情即可了解具体内容，选择参加相应活动。

第46招 关键词让短视频更快触达用户

很多短视频平台都有搜索功能，抖音也不例外。搜索功能不仅方便了粉丝查找特定的账号和视频，更有利于企业运营人员精准地推广自己的视频。很多粉丝关注一个账号或者观看一个视频时，都习惯通过搜索来寻找，这样做省时高效。那么，运营人员如何才能让粉丝最便捷地搜索到自己的账号或视频呢？这就涉及一个非常重要的技巧——搜索引擎优化。

搜索引擎优化（缩写 SEO），是一种透过了解搜索引擎的运作规则来调整网站，以及提高目标网站在有关搜索引擎内排名的方法。它也是网络营销中非常重要的一门技术，掌握这门技术基本上就可以得到海量的搜索引擎的搜索流量。

抖音视频的搜索，也需要懂得这门技术，以提高视频在抖音中的排名。那么，具体应该如何做呢？最主要的方法，也是抖音上唯一可以用作提升搜索引擎优化的方法，那就是恰当地设置关键词。

设置关键词就需要了解关键词的类型，关键词的类型通常包括三个，如图46-1 所示。

关键词的类型
- 相关关键词
- 长尾关键词
- 生僻关键词

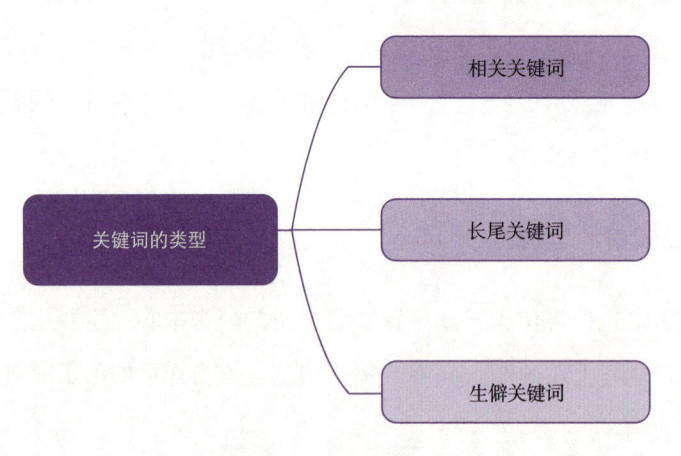

图46-1 关键词的类型

1. 相关关键词

相关关键词，是指与被搜索信息内容相关或相近的关键词，如"2023年国内十大新闻"的关键词可以是"2023年新闻"，那么，"2023年事件"就是相关关键词。

相关关键词是百度、雅虎、谷歌等各大搜索引擎运用最为普遍的，允许搜索者在搜索时出现谐音相关词，而且还有一些热门搜索提示，或显示搜索者近期常用的相关词语。这样做的好处是扩大搜索范围，增加被搜到的可能性。

因此，在设置抖音搜索关键词时，可以重点优化相关关键词，多设置几个与视频相关的关键词。

2. 长尾关键词

长尾关键词，是指非目标关键词但也可以带来搜索流量的关键词。长尾关键词比较长，往往是2～3个词组成，甚至是短语，其搜索量非常少且不稳定。

长尾关键词存在于内容页标题以及正文中，可方便用户快速找到自己需要的视频，比如"2023创新智能制造"就属于一个长尾关键词。在搜索时首条就会出现"2023中国智能制造十大变革趋势"这样的信息，从表面上看只含有"2023""智能制造"等关键词，但"创新"一词会多次出现于文中。

选择长尾关键词首先要考虑大部分用户的搜索习惯，分析一下他们通常如何去搜索，然后才能确定与视频内容最符合的长尾关键词。所以，不能忽略长尾关键词的作用，尤其是实体企业的商业站点，这样的流量最有价值。

3. 生僻关键词

用户可以根据自己视频的内容，寻找一些相关的，但很少被竞争对手使用的关键词。虽然这类关键词带来的流量很小，不过，排名容易上去，也许在视频被收录后的当天就能显示在第一页。另辟蹊径提炼生僻的相关关键词，比做一堆跟风关键词更有可能带来流量。

第47招 推广方式一：与大号强强联合

大号往往制作精良，粉丝多，在特定领域内有很大影响力。我们实体企业在推广中，如果能与大号合作，其效果不言而喻。需要注意的是，这不是纯粹的借对方的力量和影响力，而是要相互利用，你在享用的同时也要给予，因此，很大程度上是互推。

那么，如何与大号进行互推呢？下面介绍五种简单易学、行之有效的方法。

1. 个人信息互推

借用个人信息栏互推是最简单、最直接的一种方式，目前，在抖音上有很多这样的例子。具体操作方式是：在抖音大号的个人信息栏中植入我们的信息，通过大号的个人主页曝光。也可以在自己的个人信息栏中提到大号的信息，直接提到对方昵称，也是最常用的做法。

需要注意的是，不要赤裸裸地植入微信、QQ、手机号等信息，这是抖音平台明确禁止的行为。

2. "@对方"互推

直接"@对方"是目前抖音最常见的互推方法之一。如果说，在个人信息中植入引流信息可能遭到平台限制的话，这种方式安全系数很高，更加安全，抖音的平台规则没有一条是限制文案中"@对方"的。

另外，这种方式成本也很低，不用专门拍摄视频，只需要在文案中"@对方"，就能获得与大号短视频近乎齐平的曝光。最后，如果你们之间的视频、文案能够形成一种联动，会获得更好的曝光效果。

3. 点赞互推

点赞互推是所有互推方法中质量较高的一种。比如大号点赞了你的某个视频，由于大号的个人影响力，肯定会引来一大群粉丝的关注。或者你点赞大号的视频，有些粉丝在看大号视频的同时，也注意到了你的账号。任何一种行为，都能带来更多粉丝的关注。

4. 短视频互推

短视频互推是目前绝大多数抖音号第一流量入口，毫不夸张地说，99%的账号曝光都是借助每天发布的短视频带来的。所以通过短视频作品互推是最有效的方法。具体可以尝试使用以下四种方式，如图47-1所示。

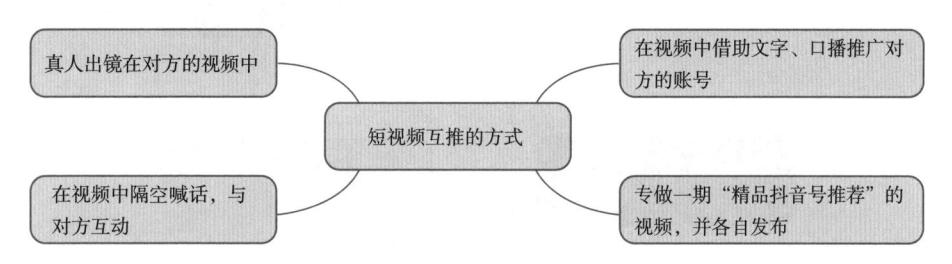

```
真人出镜在对方的视频中          在视频中借助文字、口播推广对方的账号
              短视频互推的方式
在视频中隔空喊话，与对方互动    专做一期"精品抖音号推荐"的视频，并各自发布
```

图47-1 短视频互推的四种方式

5. 直播互推

与短视频互推是一样的道理，即在大号直播中植入自己企业的账号信息。

以上几种方法既可以单独来做，也可以搭配使用，多做尝试找到最适合自己企业的方法。当然，互推只是方法，做好内容才是核心，用户来了只是第一步，能留下他们才是真本事。正所谓"打江山容易，守江山难"。

第48招　推广方式二：大小号互推

账号互推大部分是与他人合作的互推，互推的账号并不是自己建立的账号矩阵。其实还有一种互推方法，就是企业大小号之间的互推，这种操作在抖音中更为常见。

当然，企业大小号互推这种做法非常有风险，一旦运营不好反而会起到反作用被粉丝厌恶。那么，如何保证大小号的互推效果呢？图48-1所示的三点必须做到。

```
                    ┌─── 建立互推规则
大小号互推注意事项 ──┼─── 注重小号的成色
                    └─── 同步进行
```

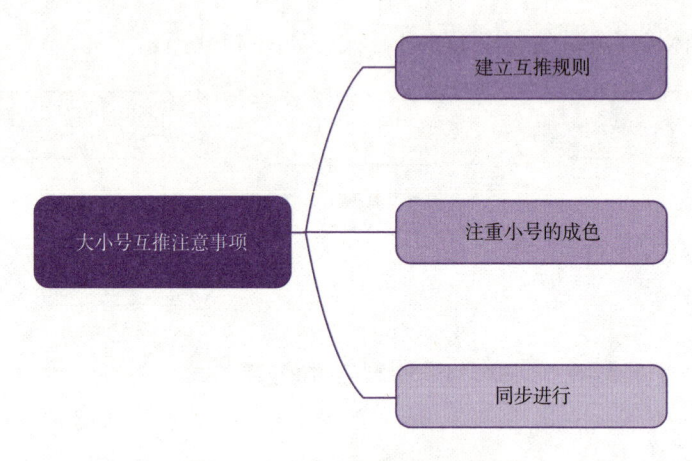

图48-1　大小号互推的注意事项

1. 建立互推规则

互推，是指同一量级或不同量级的账号，通过提前设定好的规则进行互相推广的行为，目的是通过各自差异化的粉丝，为彼此带来增长和收益。大小号的互推也需要一定的规则，不能随便进行。例如，账号之间粉丝差距不能太大，假如企业大号有100万粉丝，小号只有30万粉丝。再如，互相推广时小号的排序问题也很重要，排序这一点无论是主号推小号，还是小号推主号都需要注意。

因此，必须设定好规则，在设定规则时应注意以下两点。

（1）**角度**：如果是主号推小号，就要把小号排在推荐的前面，不管是推荐的频次还是位置，都要排在第一。如果是小号推主号，就要把粉丝数最多、转化率最强、粉丝黏性最高的排在前面，如此既能保证主号的涨粉效果，又能保证粉丝较少的小号的养成效果。

（2）**轮推**：除了主推大号之外，小号与小号之间互推也是运营抖音矩阵时可以考虑的方式。那么小号与小号之间如何互推呢？可采取轮推的方式。如小号A在第一个月互推计划中排名第一，那么第二个月就要排名最后，如此可以保证所有小号都能排到第一名，其核心点就是公平公正，否则粉丝数量少的小号是养起来了，粉丝数量大的小号不见进步还后退了，反而得不偿失。

2. 注重小号的成色

参与互推的虽然是小号，但也要注意成色，必须也是高质量的，能给粉丝带来利益和良好体验。那么，在选择小号时应注意哪些问题呢？主要有以下四点。

（1）**粉丝调性**：小号与大号所面对的粉丝调性要一致，打个比方，苹果和小米，它们的粉丝调性不一样，即使互推也起不了什么效果。这一点，需要在一开始打造小号时就要注意，因为调性一旦确立很难改变。

（2）**粉丝群体**：大号和小号之间的重合度要高，比如一个美妆企业大号的粉丝大多数是女性，但是小号当初没有设计好定位，吸引的都是男粉丝，这样的互推就完全起不到效果。

（3）**粉丝黏性**：在精力有限的情况下，最好选择黏性较高的粉丝进行互推，否则这个小号的粉丝可能会因为推荐大号内容过多产生反感，而导致粉丝流失。

（4）**粉丝数量**：如果小号本身粉丝数少，尽量不要参与互推，否则不但没有效果，反而会让小号受到损失。因为小号原创的和与自身定位相关的内容少，粉丝不但不涨，还可能会流失。

3. 同步进行

大小号互推一定要安排好时间，最好能在一天内同步进行，这样才能实现效果最大化。就像微博热搜一样，只有大家一起在同一时间内搜索某个关键词或发布某个带关键词的文字或视频，才能上热搜。抖音的视频要达到相同的效果也是同样的道理。

此外，就是要注意互推的时间段，在哪个时间段与小号一起互推的效果是最好的，企业运营者需要充分注意，这一点在其他章节已做过详细叙述。

第6章

实体企业抖音运营：
直播与带货

第49招 直播间"人、货、场"的概念

直播这种媒体形式其实早就出现了，而在2023年，直播迎来了新一轮热潮。原因在于它与商品销售的结合带来了一种崭新的商业模式，那就是直播带货。

直观上来看，直播与电视购物最大的区别只在于主播与用户的互动性。深入来讲，直播带货和电视购物有着本质的不同，它其实是人、货、场概念的重塑。本章将就该问题在实体行业的应用展开论述。

人、货、场的概念由来已久，不管是线下实体门店，还是线上网店或直播间，只要存在商品买卖行为，运营者就需要思考三者之间的关系，只有平衡好这三者的关系，才能做好销售（图49-1）。

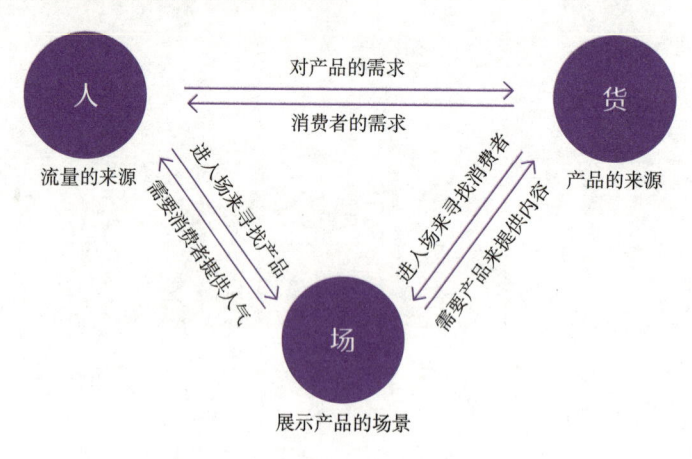

图49-1 人、货、场三者之间的关系

1. 人

可以简单地理解为两部分，上门购买商品的消费者和以销售为主的推销人员。消费者是购买商品的主体，是整个销售行为的核心。在直播间，可以把这部分人理解为流量的来源。而进行销售的人，则可以理解为主播和与直播相关的工

作人员。如果没有买家，商品再好、价格再优惠、场景再精致也没有任何意义。所以说，人的关键性是三者中最重要的。

2. 货

可以理解为消费者要购买的商品，货品的好坏直接决定消费者的消费行为，物美价廉的商品会更受消费者欢迎，而米珠薪桂的商品就算被再多人看到，也很难产生购买行为。

3. 场

可以理解为商品的卖场，这是消费者购买商品的具体环境。在直播间，"场"可以理解为直播间的环境和产品的展示方式，直播间的环境氛围与商品的展示如果不符合商品特质，会直接影响商品的销售。因此，场景的搭建与设计非常关键。

简单来说，"人"指直播间流量和主播；"货"指直播间商品；"场"指直播间环境。重要性依次为：人＞货＞场。

根据不同情况又会出现特殊现象，例如，人带货，就是主播非常有名，号召力很强，他推荐的商品价格偏高，但消费者还是有很高的购买欲，这种情况，很多实体企业也运用过，借助头部主播实力达到销售目标，最终，一部分企业获得的效果还是很不错的；再如，货带人，虽然主播的带货能力较差，但商品物美价廉，还是会有很好的销售成绩，大部分实体企业还是属于这种情况，自身的主播没有太强的技术实力，只能从货上下功夫。本书会在随后的章节中，为大家深入讲解如何才能平衡好这三者的关系。

第50招 开通直播带货的条件与步骤

其实抖音直播带货，通俗地讲，就是开通直播电商功能，在直播间添加购物车。早在2019年，抖音就更新了商品橱窗的开通门槛，这直接使直播带货门槛发生新变化，开通直播电商功能的条件大大放宽。

开通抖音直播带货需要满足两个条件。

1. 已经成功开通商品分享功能

商品分享功能就是商品橱窗，按规定，只有开通商品分享功能也就是商品橱窗，才能直接开通直播购物车功能，进行直播带货。

开通商品分享功能要满足两个条件：

（1）需要准备好个人身份证、或个体营业执照、或企业营业执照资质。

（2）完成实名认证。

满足基本条件后，就可以正式提出橱窗开通的申请。整个审核流程大致可以分为以下几个步骤（注意：随着抖音政策更新，可能会有差异）：

（1）提交开通申请。在抖音商家后台选择"开通抖音橱窗"，填写相关信息提交申请。

（2）资质审核。抖音方面会对商家的各项资质信息进行审核，包括营业执照、经营范围等，确定商家资质的真实性。

（3）风险评估。抖音会根据商家的历史经营数据、用户投诉反馈等进行综合风险评估。高风险的账户通常会申请失败。

（4）人工审核。前期审核通过后，还需要经过抖音工作人员的人工审核，查看店铺信息的真实性和完整程度等。

（5）橱窗开通。人工审核通过后，企业即可正式开通抖音橱窗，开始在抖音平台上进行商品推广。

下面介绍几个提高抖音橱窗开通成功率的技巧，企业可以注意以下几点：

（1）提前准备各项资质证明，确保资质真实有效。

（2）维护好企业账户的信誉，避免发生用户投诉问题。

（3）完善店铺资料，展示企业店铺的专业形象。

（4）开通抖音门店，有助于验证店铺线下真实性。

（5）用抖音号先进行产品推广，积累一定的关注度和影响力。

2. 抖音账号粉丝数≥1000

开通直播商品分享功能之后，就可以在直播间添加商品链接，引导粉丝边看边买货。直播间添加商品链接步骤，如图50-1所示。

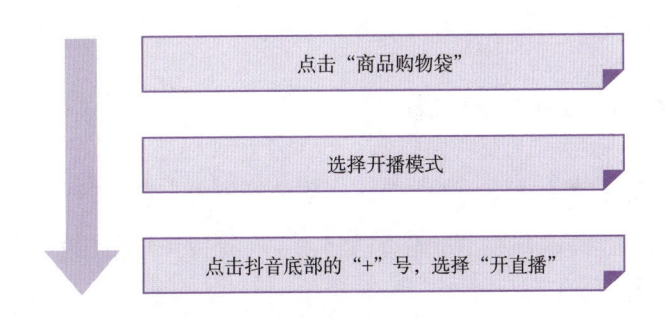

```
点击"商品购物袋"
    ↑
选择开播模式
    ↑
点击抖音底部的"+"号，选择"开直播"
```

图50-1　直播间添加商品链接步骤

选择开播模式后，直播模式有视频直播、语音直播、手游自播和电脑直播，视频直播就是手机直播，语音直播就是只有语音没有画面的直播，手游直播是游戏直播，电脑直播就是用电脑进行推流直播。其中需要注意，想要使用电脑直播，需要申请权限，权限需要满足以下条件。

（1）抖音或火山粉丝数达到500人。

（2）满足投稿或开播行为指标。

（3）近期直播无中断及封禁等违规记录。

3. 抖音直播带货的核心功能

（1）**直播商品上架和排序**。主播在开播前和开播中，都可以对直播的商品进行上架和排序。

（2）**商品讲解功能**。主播点击"讲解"按钮，即可进入该商品的讲解时间。粉丝端会弹出商品卡片，点击购物车自动定位该商品。

（3）**商品列表展示优惠券**。在小店和淘宝店铺后台设置商品优惠券，直播间商品列表会展示"优惠券"标签，点击商品列表进入"商详页/种草页"领券后购买。

另外，在直播中，有趣的标题和好看的封面，也可以吸引更多的人气。需要提醒的是，做直播带货一定不要错过官方渠道的运营指导。我们在前面的章节已经提到过电商小助手，这是官网唯一指定的抖音购物车教学平台。平台会不定期进行直播，向实体企业运营者们介绍官方最新的政策、方向，以及各种玩法、规则，可以学习到很多电商直播方面的知识。

4. 直播带货必经的标准流程

其实不管是实体企业还是其他机构，想从 0 到 1 去做一场直播带货，一定会经历这几个环节：搭建账号、布置直播间、发布短视频作品、主播直播带货、产品发货和直播数据分析。

（1）**搭建账号**：刚刚已经提到过，账号至少拥有 1000 个粉丝，这是开通电商橱窗的门槛，没有橱窗，直播间不能挂售商品。当然，企业也可以直接选择开通平台上的抖音小店或者蓝 V 账号，可直接获得电商橱窗权限进行带货。但我们建议账号至少具备 3000～10000 个粉丝，如果粉丝量太少，直播间会没有观众。

（2）**布置直播间**：直播间场景虽无具体限制，但最好光线明亮，空间宽敞，可搭配一定的灯具音箱、显示与拍摄设备，来增强直播间的氛围。

（3）**发布短视频作品**：在直播前账号需要发布相关直播主题视频作品，通常为1～3条内容围绕直播进行预告和引流，有时还需要对视频作品进行流量投放来增加人流。这一点在后面的章节会教给大家实际操作技巧。

（4）**主播直播带货**：一场直播时间通长为2～3个小时，直播过程中会搭配讲解、互动交流和活动等多个环节，目的是让观众可以有更好的观看体验，从而带来更多的购买行为。

（5）**产品发货**：需要为消费者进行发货和后端的咨询服务。

（6）**直播数据分析**：当整场直播结束后，需要通过后台数据对整场直播进行细致的分析，这一步非常重要，通过各项数据对比优化下一场直播。这一点，在后续的章节也会展开，教给大家如何实操。

通过以上步骤会发现，对于个人，要完成所有步骤是非常困难的，我们实体企业最好组织2～3人的小团队来进行带货。对于团队，直播带货流程较长，投入人力、物力较多，要注意控制成本，需要把主要精力放在流量获得与自身生产线货品的选择上。

第51招 熟知直播间的六大流量来源

直播间的流量来源分为三个主要部分：账号视频、直播推荐和付费流量。本招将讲解如何获取流量。想增加直播间人气，就需要知道直播间的流量从哪来，每次直播结束，平台会生成一张直播人流数据图，这张图能非常直观地说明直播间流量的来源。

（1）**视频推荐**：用户观看到账号视频作品，通过短视频进入直播间。

（2）**关注**：指用户通过关注页进入直播间。通常有两个途径，一是关注页上方头像，二是首页刷到的直播推荐。

（3）**直播推荐**：指通过直播广场进入直播间的用户。

（4）**其他**：指一些无法统计和抖音以外的流量来源，经常会有用户将直播间分享到微信等其他平台，这部分主要指站外流量。

（5）**同城**：来自同城和附近的用户流量。

（6）**直播 DOU+**：通过"购买 DOU+"引导用户流量。

通过关注和视频推荐进入直播间的用户，通常停留的时间会比较长，多数用户是已经关注的粉丝，忠诚度较高。而通过同城和直播推荐进入直播间的用户，很可能是第一次来到该账号的直播间，跳出率自然会比较高，停留时间会比较短。所以说，对于流量质量而言，通过关注和视频推荐进入直播间的用户流量质量较高，这部分流量可以通过增加账号粉丝和提升视频作品质量来增加。

而针对于企业直播带货类账号，会更看重直播推荐的用户流量，往往这部分用户流量来自直播广场，消费习惯会更强，一旦推荐精准，会更容易达成销售。这部分流量，需要通过增加直播间权重和流量付费通道来获得。

对于地方的区域实体企业，会更看重同城的用户流量，想要获得同城流量推荐，需要主播打开"同城推荐"，并在平时制作视频作品时，多添加地区标签和多吸引地区用户关注。在抖音首页不同地域会有不同城市分类，点击相应城市名就会看到同城创作者们制作的视频和正在进行直播的直播间。

付费流量目前主要分为"DOU+"付费流量和"巨量千川"付费流量。"DOU+"针对个人用户；"巨量千川"主要针对企业用户。目前，"巨量千川"主要有三种推广方式，来满足不同用户的推广诉求。

（1）PC **极速推广**：主要特点就是门槛低且智能、高效。适合于没有推广经验的新手，只要设置好出价、预算等关键要素，系统就可以进行智能优化，能够节约时间和人工操作成本。

（2）PC **专业推广**：主要特点就是专业、操作感更强，适用于头部商家和直播团队，对成本和起量速度有很高的诉求。可以自定义更多投放和创意设置，这个只适用于电脑端操作。

（3）**移动端小店**：主要特点就是方便快捷，使用手机就能简单操作，新手企业也能快速上手。选择好带货直播间就能直接投放，这样获得的流量精准度就会更高。

企业运营者需要根据实际需求，有针对性地提升账号所需要的精准用户流量。

第52招 掌握直播带货类短视频的分类和制作技巧

直播带货类短视频通常分为三大类。

1. 产品推荐类

视频内容以推荐产品为主。描述方式会以福利（优惠）突出产品的优惠力度，以此来吸引用户；进行产品测评（专业），突出主播的专业性，以此来吸引用户；以朴实忠厚的形象（人设）进行推荐，突出主播与产品相关的个人魅力，以此来吸引用户。

2. 试听效果类

视频内容以展示产品的视觉效果为主。描述方式主打视觉效果、动感效果和节奏卡点，利用声效的观赏性来放大产品在观看上的优势，以此来吸引用户和消费者。

3. 创意推荐类

将带货与影视作品、段子和日常生活进行结合，达到既有观赏性和趣味性，又有带货效果的体验。

为直播间引流的短视频作品和其他短视频作品在制作和应用上有着截然不同的要求，比较集中的特征有三点。

（1）为追求更好的完播率，直播间引流短视频作品时长更短，通常在15～30秒。

（2）短视频作品内容主要围绕产品进行描述，这样的短视频作品把产品功效作为核心展示要点，强调产品的重要性。

（3）为了能让直播间获得更多流量，在作品更新频率上也会更为密集。直播前甚至会连续更新3～5条短视频作品，甚至更多，以此来为直播间引入流量。

第53招　直播带货的产品展示和演示技巧

在直播带货的过程中，产品的展示与演示是至关重要的环节，它直接关系到观众对产品的认知和购买意愿。本招将介绍一些在直播带货中的产品展示与演示技巧，帮助广大企业主播提升销售效果。

1. 产品展示

产品展示是直播带货的核心环节之一，通过生动、真实的展示方式，能够吸引观众的注意力，激发他们的购买欲望。以下是一些产品展示的技巧：

（1）**清晰成像**：确保摄像头清晰、稳定，以便观众能清楚地看到产品的外观和细节。注意光线的亮度和角度，避免产生阴影，或出现过度曝光的情况。

（2）**多角度展示**：从不同角度展示产品，展示其各个部分的特点。例如，对于服装，可以展示正面、侧面和背面；对于手机，可以展示外观、屏幕和相机等。

（3）**实物对比**：将产品和其他物品进行对比展示，以突出产品的特点。例如，对于保温杯，可以将其与常见的杯子进行对比，展示其保温效果。

（4）**实际应用**：展示产品的实际使用场景，让观众能够更好地理解产品的功能和用途。例如，对于健身器材可以展示使用者的运动效果。

2. 产品演示

产品演示是直播带货中打动消费者的重要手段，通过演示产品的实际使用效果，能够增强观众对产品的信任感和购买欲望。以下是一些产品演示的技巧：

（1）**演示操作步骤**：将产品的使用步骤分解展示，让观众能够清晰地了解产品的使用方法。可以逐步演示，引导观众跟随操作。

（2）成功案例分享：通过分享成功案例，展示产品的效果和实际效益，使观众能够更好地理解产品的价值。可以邀请一些产品的忠实用户分享他们的使用经验和感受。

（3）生动形象的描述：在演示过程中，使用形象的描述语言，让观众能够感受到产品带来的好处和体验。例如，对于护肤品，可以描述它的质地、气味和滋润效果。

（4）与观众互动：在演示过程中，与观众进行互动，回答他们的问题和疑虑。这样能够增加观众的参与感，增强他们的购买信心。

3. 关注细节

在直播带货中，还需要注意一些细节，以提高观众的购买意愿和满意度。

（1）产品展示环境：产品展示的环境要整洁、干净，避免杂乱的背景影响观众对产品的视觉体验。可以选择简约的背景布置，以突出产品的特点。

（2）语言表达：在产品展示和演示的过程中，语言要简洁明了，表达流畅，避免啰唆和枯燥。可以使用形象、生动的词语，增加观众的兴趣。这一点的实际操作在上一个章节中已经详细讲述过了。

（3）专业知识：对于涉及专业知识的产品，主播需要提前做好准备并表现出自己的专业度。可以适时介绍产品的原理、材料和技术特点，增加观众对产品的信任感。

（4）观众互动：鼓励观众在直播中留言、评论，与他们建立更好的互动关系。及时回复观众的问题和疑惑，以增加观众的参与感和信任感。

总之，直播带货中的产品展示与演示技巧对于提升销售效果起着至关重要的作用。通过清晰、多角度的产品展示和演示产品的实际使用效果能够吸引观众的注意力，增强用户的购买欲望。同时，关注细节和与观众的互动也是增加观众参与感和信任感的关键。只有在各个环节上做好准备才能够在直播带货中取得良好的销售效果。

第54招 提升带货过程中粉丝的观看体验

纵观那些带货达人，无论推荐的是居家用品还是美妆用品、美食，主播都是全程亲自试用、试吃，与粉丝频繁互动，主播的一举一动都是即时呈现，随时互动，这对于粉丝来说，也是最真实的。

互动在抖音直播中十分重要，作为企业运营人员要学会用多种方式与粉丝互动，让粉丝感受到被尊重和重视，让他们持续关注、主动分享和传播。常见的互动方式主要有以下五种。

1. 语言互动

语言是直播的最重要形式，因此对于主播来说，一定要说得巧妙，说出情调。同时，要配合面部表情，注意语气轻重。如果刷屏太快，主播看不到有些粉丝说的话，主播可重复原先的话语，或建议私聊，以照顾到这些粉丝。

2. 肢体动作互动

肢体动作是口语表达的良好补充。主播在聊天的同时，应适时地微笑、卖萌或打手势等，运用全身的肢体语言，让粉丝感受到你的积极和热情。

3. 游戏互动

和粉丝一起玩游戏也是很好的互动方式，尽管直播的内容与游戏无关。但可在直播过程中穿插一些小游戏，以调动气氛，或带粉丝玩，或让粉丝带你玩。总之，一定要互动起来，得到粉丝的认可。

4. 才艺互动

有才艺的主播可以表演自已熟练的才艺，没有才艺的可以用手势增加互动效果。如对于直播唱歌的主播来说，可以做一场看嘴型猜歌名、看歌词猜歌名、听前奏猜歌名等类似的竞猜互动。

5. 体验互动

体验是一种特定的互动形式，有趣的游戏会让粉丝的停留时间大大提高，黏度也非常高，很多粉丝为了奖品会多次玩游戏。这种类型因为门槛不高，适用的类目也很广泛，也是被广泛采用的一种方式。

京东商城中有很多商户为了吸引消费者关注自己的产品，在直播中特别注重体验互动，尤其是一些操作性较强的产品，如数码相机、VR眼镜等。

具体做法是先设计一个特定的情景，要精简、趣味性强、易上手，以便粉丝立马可以参与进来，再加上体验的真实性和趣味性，通常很容易强化粉丝的黏性。

懂得与粉丝交流和互动，懂得如何带动气氛给粉丝带来欢乐，就更容易得到粉丝的青睐。无论运用什么方法，只要带动粉丝互动与交流，让粉丝得到自己所需要的，粉丝同样会愿意付出，以礼相待。

第55招 优秀主播的关键技能

主播的工作看似简单，但其实并非如此，一场直播需要高度集中的注意力。一方面要完成相关活动的描述与产品介绍；另一方面，要时刻注意粉丝的反馈和留言，并进行有效互动。同时还要拥有快速的反应和语速，并且保持一个良好的精神状态。正常人连续直播 2 小时会精疲力尽，而专业主播，有时甚至要连续直播 8 个小时，而作为一名优秀的主播，以下几项技能最为关键。

1. 语言表达

经常看直播的朋友会发现，优秀主播的语速都是极快的，并且吐字清晰，表意明确。因为直播间是公域流量，所以人流量非常巨大，很多人在直播间稍做停留就会离开，所以，对于主播来说，需要有非常强的口播能力，这也是优秀主播的一项基本素养。

2. 严谨专注

因为直播平台规则较为严格，违禁词较多，并且每次直播活动，都有大量内容需要提前记忆，这就要求主播在口播时，不仅要速度飞快，而且还不能出错，更不能讲违禁词，所以主播需要非常细心和严谨。

3. 控场能力

主播在直播时，不仅要进行带货和讲解，还要时刻关注观众的留言并进行互动，时刻引导用户关注账号、成为账号粉丝，并且能够很好地调整直播间的气氛，这就是控场能力。要让直播间的观众有被关注的感受，这项能力也是衡量主播是否优秀的重要标准。

4. 心智能力

直播间经常会出现在线人数的巨大波动,当观看人数极少时,主播依然要能够保持较高的积极性来进行直播,而当观看人数暴涨时,主播也要保持心态上的平稳,继续进行直播。这项能力是需要时间慢慢进行训练的,企业新手主播往往会因为直播间人数的波动,在心态上形成巨大的起伏。

关于优秀主播素养的相关标准还有很多,但这四项标准是最为关键的。

第56招 直播带货的销售技巧和话术运用

成功的直播带货，话术都是有逻辑和方法的。

1. 开场话术

通常在正式开播前，需要主播进行 5～10 分钟的暖场。可以进行自我介绍、打招呼，简单介绍今天的直播活动和福利预告等。重点是告知观众，能带给他们什么好处，这样才能将观众留存下来。

①"欢迎××来到直播间！点击'关注'不迷路！每晚都有直播福利哦。"

②"感谢来到直播间的粉丝们，我直播时间一般是×点，今天会有重磅福利哦！千万不要走开！"

③"大家好，我还是新主播，有很多不懂的地方，如果有什么地方做得不够好，希望你们多多见谅，有什么建议也可以直接在评论区留言！"

可以将话术做成一个"超级符号"，加深用户的印象。

2. 留人话术

想要不断提升直播间的人数，重点在于如何留住用户。这里对主播的节奏把控能力有很高的要求，主要有两方面的技巧：

（1）**福利引导**：主播需要每隔一段时间，要提醒一次观众几分钟后有什么福利，明确给出用户的停留时间。即使是大主播的直播间，用户平均停留时长也很难超过 5 分钟。所以需要通过福利和制造悬念的方式，不断留住观众。

> ①"直播间的粉丝宝宝们，12点整的时刻我们就最先抽免单了啊！还没有点关注的宝宝上方点个'关注'，加入我们的粉丝团，还可以去找我们的客服小姐姐领取10元优惠券！"
> ②"新进来的宝宝们，我们现在正在给大家做福利秒杀，现在点赞十次并给主播点一个'关注'可以领取一个优惠券哦！"

（2）**实时互动**：如果直播间人还不是很多，或者处于刚开播的阶段。可以与评论区进行实时互动，提升观众主动参与的意愿，及时回答问题，有利于促成下单。

> ①"××小姐姐，可以先关注主播，稍等马上为你试穿哦！"
> ②"问优惠券的那位小姐姐，××有优惠券×元，×点可以秒杀。"

3. 产品介绍话术

产品介绍的好坏直接影响转换率，所以主播首先要对产品十分了解，清楚产品的优势和适用人群，再用一些技巧展示产品，如以下几点。

（1）**增强用户信任**：可以在直播中列举一些产品的截图，比如销量截图、网友好评、官方推荐等，增强产品的背书。主播也可以强调"我"也在用，让观众真切地感受到产品是真实好用的。

> ①"我给我爸妈也买了，他们也觉得很好用。"
> ②"大家可以去网上查一下我们的品牌，万千好评，实打实的销量。"

（2）**专业讲解**：可以通过一些专业术语的讲解衬托主播的专业性，增强用户信任，也衬托了产品的可靠。

①"我们家全棉卫衣适合秋天穿，前面是撞色图案，领口几何形衍缝线，版型中长，时尚百搭，可搭配紧身小黑裤，显得年轻有活力。"

②"宝宝们有没有经常出去旅游的，但又不想拿太多东西。但是下雨了，只能在景区买伞。我们这个折叠伞，比普通的胶囊伞更加轻便，而且折叠简单，伞骨又做了加固处理。"

（3）**产品试用**：想要把产品卖得更好，光靠说可能不够，还需要做。我们经常能看到主播自己试穿衣服，试用产品。依靠现场试用，分享体验，让产品的质量更有说服力。

①"大家看我穿这个L码是刚刚好的，很有弹力，穿起来又透气，主播身高体重在公屏上……"

②"哇哦，你看我的嘴巴有多水润，嘴巴特别干的女生一定要买它，嘴巴像果冻。"

4. 互动话术

根据抖音的推荐算法，直播间人越多，互动率越高，系统就会把你的直播实时地推荐给更多感兴趣的人，所以优秀的直播间都少不了互动。明星和大主播天然有互动上的优势，但对一般中小主播来说，需要更多从技巧出发。分享几种常见的互动技巧。

（1）**提问式互动**：粉丝提问，主播回答一些与产品相关的问题，有利于帮助观众解决产品上的困惑，促进转化。

①"这款口红你们用过吗？"

②"刚刚给大家分享的小技巧，大家学会了吗？"

（2）选择式互动：抛给观众一些选择，此时发言的观众购买意愿度很高，再适当引导利于转化。

"还有没有需要再次看一下哪件卫衣的宝宝？直接评论衣服的编号，主播再为大家试穿讲解下！"

（3）刷屏式互动：此类互动发言成本很低，观众的参与度会很高，也能让刚进直播间的观众感受到活跃的气氛。

① "有没有喜欢边看电视边吃零食的宝宝们？有的话可以扣1，主播马上给大家上解馋小零食！"

② "感觉宝宝们不够尽兴啊，是不是活动力度不够大？好！主播今天就给大家再上一波福利，想要的宝宝们666扣起来！我们再来上一波福利！"

5. 关注话术

引导关注也是十分重要的，直播是一件长久的事情，所以就要不断吸引新用户关注，那么直播的流量才会一次比一次好。也可以引导进私域里，在私域中成交转化。需要注意的是，引导关注最好配合福利进行，如果直接去引导，频率不要太高，不然容易引起反感。

① "马上就要进入抽奖环节了，没有关注的赶紧点亮'关注'，否则就没法参与抽奖了。"

② "今天我们的链接都爆单了！想要优先发货的宝宝可以加入主播粉丝团，助理小哥帮我记一下，加入粉丝团的宝宝优先安排发货哈！"

③ "我们即将结束直播了，还有很多宝宝在观看，没关注主播的粉丝也

不少哦，主播准备了 100 件 ××，免费送给粉丝们！宝宝们想要的可以点个'关注'哦！"

6. 促单话术

到促单这个环节，观众已经有了很强的购买意愿，就差临门一脚。我们需要不断刺激观众，抓住用户的消费心理，可以从两个方面入手：

（1）**重复强调自家产品的效果和价格优势**：这是很多主播经常会用到的话术，让用户觉得物超所值。

（2）**不断提醒用户产品限时限量**：给用户制造紧张感，过了这个村就没这个店，错过就会吃亏。

① "先付先得，最后 2 分钟！最后 2 分钟！手慢无！"

② "好咯好咯，我们马上就结束直播哦，最后加 ××× 套，今天播完后不会再有这个优惠了，因为实在亏本出售了，所以宝宝们要抓住机会哦。别等要用的时候再原价去买！"

③ "大家手速都很快啊，才一会儿就没货了，我看看还能不能申请多加一些，没下单的宝宝们留意，我们等会儿再给大家上 ××× 件！"

7. 下播话术

企业主播在下播之前，可用感谢类话术作为结尾，还能顺便预告下次直播时间和重要的产品，吸引大家锁定直播间。

① "今天的直播接近尾声了，明天晚上 ×× 点同样时间开播，各位奔走相告吧！"

② "主播还有 20 分钟就下播了，非常感谢大家的陪伴，今天和大家度

过了非常愉快的时光,主播最后给大家抽个奖好不好?"

以上就是分享给大家的七大直播话术。虽然想要做好直播带货并没有那么容易,但只要各位实体企业运营者学到了正确的运营思路,方向对了又肯付出时间和精力,那么,相信你的企业在直播领域必将有所收获。

第57招 直播场景打造的三个维度

进入直播间的第一感觉决定了用户对主播以及直播间产品的印象。直播间的场景氛围，会直接影响用户的停留时长和消费行为。所以，不管是什么行业的直播，都应重视直播间的气氛打造。

首先要明确，直播间整体气氛要和产品主题保持一致，这样进入直播间的用户才能在最短的时间内判断出直播间所要直播的内容。虽然都是卖场直播间，但是因为产品不同，所以直播间呈现的气氛也截然不同。

例如，水果带货直播间，选择在原产品采摘现场进行直播，这样的场景有很强的纪实感，会给用户原汁原味的感受，对产品品质非常有说服力。

知识分享类直播间，直播间有黑板、教具等元素，场景营造出了一种课堂氛围，有学习知识诉求的用户会更愿意留在这样的直播间。

服装带货直播间，用特意打造的精致场景来凸显服装的价值，通过场景氛围为服装加分。

货品的特性决定了直播间的氛围，可以多参考同类产品直播间的打造方式，来优化自己的直播间。直播间的氛围打造，通常包括：环境、人物和形式三个维度。

（1）**环境**：包括前景、背景和光线这三个主要因素。

（2）**人物**：指直播的角色特质，通常可以通过人物的装饰来强化人物的形象。

（3）**形式**：指直播方式，直播画面构图大小和取景角度，以及主播的直播状态，是坐播、站播，还是走播。

直播时，因为观看设备主要以手机为主，用户观看视野较小。所以，要特别注意直播间的光线，光线要充足，常规照明不足时往往需要补光。直播时，收音需要清晰，如果主播和手机的距离超过1米，建议采用收音设备进行收声。

第58招 直播间的设置技巧

关于开播时间，通常平台用户最活跃的时段是每天晚上20～23时，这个时段在线用户量最大，互动频率最高。但不建议新手主播在这个时段开播，因为在这个时段主播开播密集，新手主播很难抢到流量。所以，建议企业新手主播避开密集时段。那么，哪个时段更适合呢？建议新手主播进行一个全时段测试，不同账号流量活跃时段截然不同，有可能是上午也有可能是凌晨，通过测试并且结合账号后台用户活跃数据确定开播时段。如经常直播，建议每次直播能够保持在一个固定时段，这样能够让粉丝形成观看习惯。同时，在账号信息中更新直播相关信息，让更多粉丝了解日常直播动向。

开播前需要完善直播间设置，以下四点需要格外注意。

（1）**设置直播间封面**：建议使用与直播间产品相关的封面图，最好是能够概括产品主题并具备吸引力的封面图。

（2）**直播间标题**：通常标题只有5～8个字符，需要能非常精炼地讲清楚直播主题。

（3）**直播间位置**：添加位置信息，有利于吸引同城用户进入直播间，帮助直播间增长人气，尤其是区域类企业账号，特别需要增加位置信息。

（4）**话题标签**：添加话题标签，可以让当前游览该话题的用户看到直播内容，从而增加直播间曝光度。

以上四点，务必斟酌，设置好后再开播，这样对增加直播间人气有很大帮助。

下面再讲讲直播过程中可以增加人气的几个技巧。

（1）**尽量增加用户停留时长**：用户在直播间停留时间越长，越有利于直播间被推荐给更多的人。

（2）**直播间音浪数**：直播间音浪收入越高，越容易登上直播间小时榜，让直播间被更多人观看到。

（3）**激励用户更多地参与评论和转发**：直播间公屏评论数越多，直播间被分享转发的次数越多，直播间就越容易被平台推荐给更多用户。

（4）**引导用户更多地加入粉丝团**：加入粉丝团的用户会在主播开播时收到开播通知，因此粉丝团用户越多，开播时收到通知的用户就越多。粉丝群也同理。

（5）**引导用户在直播间点赞**：直播间获赞数量的多少会直接影响直播间被推荐次数。

（6）**直播间达成交易数量**：直播间商品销售数量也会直接影响直播的被推荐情况。

随着平台版本的更新，未来还会有更多参照标准。主播在直播时，要学会借用相关运营手段来提升直播间的人气。

第59招 直播脚本与产品层级设置

企业做一场直播就像做一场活动，需要有计划，不管是专业团队还是个人，在进行直播时都要有脚本的概念。其实简单来说，策划一次直播需要考虑以下几个因素：直播主题、直播目标、开播时长、直播分工、直播计划和直播排品，如图59-1所示。

| 直播主题 | 直播目标 | 开播时长 | 直播分工 | 直播计划 | 直播排品 |

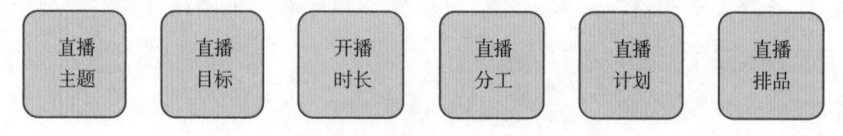

图59-1 直播脚本的主要内容

（1）**直播主题**：每场直播就像每个短视频作品，要有明确的主题，直播要干什么，是要带货还是产品教学，还是要用户分享使用经验等。

（2）**直播目标**：是追求销售业绩，还是要完成粉丝转化，还是要达到多少观看人数。直播前需要制定合理的目标。

（3）**开播时长**：直播需要计划开播时长，一场常规直播一般是2～3小时，有时会出现连续直播的情况。

（4）**直播分工**：在直播间主播需要进行口播，所以在直播间要有相关运营人员辅助主播进行管理。在直播间需要有场控人员进行直播间引导和互动，需要有运营人员在直播间进行排品和改价。

（5）**直播计划**：一场直播要推荐多少个产品，要和观众互动什么内容，都需要提前演练好。最好能够提前设置单品脚本，对每个产品都做好相应的描述和介绍，确保直播时，能够全面地介绍相关产品。

（6）**直播排品**：一场直播的商品是需要有层级设计的，要有福利款、口碑款、盈利款和普通款等层级设计。福利款可以增强用户友好度，引流款可以带来更多流量，而盈利款和普通款可以进行盈利，多种产品搭配进行带货，才会有更好的效果，如表59-1所示。

表59-1　直播间产品设计

	福利款	口碑款	盈利款	普通款
特性	秒杀、特惠、特价	成本价、大品牌	利润高、能赚钱	利润正常
作用	为直播间引导流量	提升直播间的口碑	为直播间带来盈利	丰富直播间品类
使用	在刚开始直播时说明，但最后再进行销售，以此来留住更多用户	通常在直播带货最开始给用户一个好的印象，让他们知道这里有好货	一般在直播的中间时段，这时用户兴致最好，体验相对较好，容易下单	丰富每次直播间的品类，这些品会安插在带货过程中

一场直播带货的过程大致可以分为这几个部分：相关介绍、用户互动和产品销售。不能只顾着带货，也不能只做介绍而忽视带货。给大家一个参考比例图，以一场2个小时的直播为例，根据比例图，来合理安排直播内容，如表59-2所示。

表59-2　直播间内容密度设计

介绍	用户互动	带货
10~20分钟 （讲述活动和相关细则）	30~40分钟 （用户互动会贯穿始终）	40~70分钟 （带货和销售产品）

第60招 制订直播带货的促销活动和优惠策略

要想在激烈的市场竞争中脱颖而出，实体企业就必须制订合理的促销活动和优惠策略。本招将详细介绍如何制订直播带货的促销活动和优惠策略。

1. 研究目标市场和受众群体

在制订促销活动和优惠策略之前，商家首先需要深入研究目标市场并了解受众群体的需求和购买习惯。通过市场调研和数据分析，商家可以收集到宝贵的信息，包括目标市场的规模、竞争情况、目标受众的年龄、性别、兴趣爱好等。这些信息将有助于商家更好地制定促销活动和优惠策略，以满足受众的需求。

2. 确定促销活动和优惠策略的具体形式

根据目标市场和受众群体的情况，商家可以确定促销活动和优惠策略的具体形式。常见的形式包括限时折扣、满减优惠、组合套餐、赠品活动等。商家需要根据不同产品和不同受众的需求，选择合适的促销活动和优惠策略。

3. 设置合理的促销时机和周期

成功的促销活动和优惠策略需要选择合适的时机进行推广。商家可以结合目标市场和受众群体的消费习惯，选择人们购买力较为集中的节假日或特殊时期进行促销。此外，商家还可以根据产品的特点，设置不同的促销周期，比如针对季节性商品的促销、针对新品的促销等，以吸引消费者的兴趣和购买欲望。

4. 监控和评估促销效果

促销活动和优惠策略的制订并不是一次性的工作，商家还需要不断监控和评估促销效果，以便及时调整和优化策略。商家可以通过后台直播销售数据、用户反馈等方式对促销活动的效果进行评估，同时还可以通过与用户的互动沟通，获取有关促销活动的意见和建议，进一步完善和改进促销策略。

总之，制订直播带货的促销活动和优惠策略是一项复杂而又重要的工作，它直接影响商家的销售业绩和品牌形象。通过深入研究目标市场和受众群体，确定促销活动和优惠策略的具体形式，设置合理的促销时机和周期，并制订详细的促销方案和宣传策略，商家可以有效地吸引消费者的关注。同时，商家还需要不断监控和评估促销效果，及时调整和优化策略，以确保直播带货的促销活动能够持续产生良好的效果。

第61招 直播带货更要让粉丝获益

"天下熙熙皆为利来，天下攘攘皆为利往。"这是一个放之四海而皆准的真理。我们企业做营销工作，更应该明确利益的重要性。做抖音营销也是同样的道理，要想留住粉丝，最稳健的办法就是让粉丝获益，只有粉丝能从你这儿持续不断地得到想要的，才会对你产生信任和依赖。那么，如何做才能让粉丝感到有利可图呢，可通过以下三个方式来实现。

1. 低价、优惠、免费

低价、优惠、免费历来是吸引消费者的有效手段，无论在过去的传统营销中，还是如今的网络营销中，屡试不爽。为了最大限度地满足粉丝的利益，可时不时地在直播中进行低价、优惠、免费等活动。

2. 抽奖、奖励、激励

抽奖、奖励、激励的方法不是促使粉丝直接买东西，而是让他们间接为产品做推广、宣传。例如，通过鼓励粉丝转发，并在转发后给予一定的奖励和分佣。这种方法运用得好，可最大限度地挖掘粉丝的潜力，100个粉丝往往能创造1000个粉丝的购买力，甚至更多。

值得注意的是，这种方法对粉丝的质量要求较高，仅仅限于种子粉丝，或经常有购买行为的老用户。所以要避免滥用、乱用，否则很有可能赔本赚吆喝。

3. 提供更多服务

那些知名的、受大众欢迎的产品，不仅质量好，而且为用户提供全方位的服务。随着消费理念的转变，大部分消费者购买一个产品并不是只看重质量，更看重背后的服务。

服务已经成为产品强有力的支撑。因此，企业在直播时可着眼于服务，给粉丝提供产品之外的最有价值的服务。服务可以让企业与粉丝之间由陌生到认识，由认识再到感情升温，最后让粉丝产生信赖。当粉丝认可你所提供的服务时，你的需求和目的自然会得到满足。

做好服务是满足粉丝利益最彻底、最根本的一种方法，如果促销活动、有奖激励等方法只是着眼于表面，那么提供更多额外服务则是真正地深入粉丝的内心，是从量到质的根本性转变。

第7章

实体企业抖音
账号数据分析

第62招 定期复盘

任何一个做抖音的企业运营者都希望能够成功，但是只有过程是不够的，还需要复盘。

如今国内有很多知名企业都把"复盘"的理念引进公司的管理和运营中，如最早的联想、万达等，他们都将"复盘"作为指导企业战略发展的重要工具。

很多人认为复盘就是总结。事实上并不全然，总结只是复盘的一个部分。直白来说，就像是实体企业经常做的项目复盘，是对过去完成的项目所做的深度思维演练。

以往，我们在做项目总结时，更多的是关注该项目取得了哪些成果和不足，是以结果为导向的。而复盘不同，一个项目的复盘，除了关注结果外，更重要的是整个项目过程的重新演练。在这个演练流程中，我们发现问题，分析问题，从而积累成功和失败的经验，为接下来的决策和战略提供更具有价值的参考，并得出实际可行的解决方案。有句话说，"总结是静止并跳跃的"，而项目的复盘是动态且连续的。复盘更多的是以过程为导向，关注在这个过程中的学习和提升。简单来说，复盘的流程分为三步。

> 第一步，对运营进行全面回顾和总结。
> 第二步，对短视频/直播流程详细分析。
> 第三步，找到重点问题和原因，并改进措施，避免错误。

落实到直播层面，作为一个企业抖音主播，想让自己企业的抖音账号有更快的发展，就要学会总结得失。每一场直播从开始到结束，过程中或多或少都会出现计划之外的突发状况。而复盘就是绝佳的反思机会，然后不断深入思考，才能提升自己的总结能力。

另外，作为企业抖音运营者也要定期将收集到的需求、建议、竞品优势等进行归纳整理，结合账号自身的差异点才能形成自己账号的需求思路，这也是抖音运营复盘的最重要意义。

举个例子，有一个舞蹈健身工作室，给自己制订了一个目标，那就是每天发布两个跳舞的视频作品，利用微博等方式引流，希望每条视频的点赞超过十万次。然而，经过一段时间之后，这个工作室的视频数量是达标了，但是每条的点赞都只有几百，这个数字距离自己定下的目标还有很远。为什么出现这个问题？

该工作室最后经过复盘得出结论：自己的视频内容和目标根本不符。后来，在竞品分析中，发现目标问题并找到了原因和方法，最终在视频内加入女性舞者。经过改进后的第一条视频在一天之内就吸引了四万多点赞。

从这个案例可以看出，目标回顾对抖音运营的重要性，在回顾目标这个环节中，我们要考察"当初是怎么确定目标的"和"现在做成的结果"之间的差异，然后根据差异分析原因，寻找解决方案，并开展后续的行动，最终形成一个科学的目标计划。

目标和现状之间的差异就是我们通常所说的"问题"，我们去比较结果与目标的差距，找出成功之处（正向偏差）和可提升之处（负向偏差），这其实就是在"定义问题"。举个例子，看一下定义目标问题的示范，如表62-1所示。

表62-1 定义目标问题

目标	原定于××××年×月×日，完成20个视频发布，并实现累积点赞量20万次，增粉2万人
现状	截至目标日期，完成抖音短视频20个，实现累积点赞量只有15万次，增粉1万人。未达到预定目标
定义 目标问题	在规定时间内，计划完成20个视频，已完成 计划实现累积点赞量20万次，只达到15万次，差5万点赞 计划增粉2万人，只达到1万人，差1万人

在这个表格中，我们可以清晰地看到对目标问题的定义，发现自己的目标与实际有什么差距，从而可以针对问题分析解决办法。这个过程具体包含三部分内容：

What：**目标是什么；**

Why：目的是什么；

How：实现的策略/路径是什么。

其中，策略和路径是最重要的。刚刚我们在定义目标问题中是这样描述的：在规定时间内，计划完成20个视频，已完成；计划实现累积点赞量20万次，只达到15万次，差5万点赞；计划增粉2万人，只达到1万人，差1万人。接下来，我们就要找到这个目标无法达成的原因。根据你的抖音类型、粉丝属性、发布时间、视频内容等信息，就一定可以分析出原因。找到原因之后，拿出一个改进后的目标策略和路线。例如，在规定时间内仅依靠一种视频内容是无法获取2万粉丝的；再或者，发现没有用特效的视频，粉丝很难感兴趣并点赞，这也是点赞数量无法达成的原因。根据这些问题，倒推方法，找到真正的解决方案，就能让抖音运营更加科学和专业。

第 63 招　查看账号数据

想要分析数据，就应该先知道怎样查看账号和作品的数据，数据样本越多可分析的维度也就越广，那么怎样才能看到详细的数据呢？

每个视频作品的页面都会显示相应的数据：播放量、点赞量、留言量和转发量。这些都可以通过浏览短视频作品直接查看，而更详细的数据则需要账号获得 1000 粉丝后，开通权限后进行查看。

点击首页右上角的三条杠—"企业服务中心"—"查看更多"，打开数据中心查看账号数据。

企业账号数据页面与普通账号数据页面有一定差别，但内容基本一致。

还可以在 PC 端登录抖音官网，单击"创作服务平台"—"视频数据"或"直播数据"，进行数据查看，PC 端页面数据展示内容与移动端页面数据展示内容有一定的差异。建议结合 PC 端与移动端一起进行数据查看，PC 端数据展示较为全面。

可参考的数据通过后台工具变得更详细。除了可以查看四大主要数据，还可以了解账号与作品的粉丝变动情况、主页访问情况、账号的粉丝画像、粉丝的标签与年龄分布，以及粉丝的地域特征和设备情况等信息。

当然，除平台官方数据查看工具外，如果想要获得更加全面的数据样本，还有一些第三方数据工具，可以为账号提供更全面的数据。常用平台有飞瓜数据、蝉妈妈、波动师、新抖等平台。这些数据工具会提供一定的免费功能给用户，但核心功能需要额外支付费用才能解锁。当然，还有官方数据平台可以给你提供更加精准的数据，如果你要了解直播数据，可以使用巨量百应，如果想查看更多短视频案例，可以使用巨量创意。

第三方平台数据更为全面和深入，但并不完全准确。或者说，根本不存在所谓的绝对精准的数据样本平台，所有检测数据的准确性都是相对的，包括官方数据平台。数据平台的检测结果只能作为参考来辅助创作者了解作品质量与反馈，建议企业做多个平台对比分析。

第64招 数据分析中的关键指标解读与应用

平台在推荐作品时，所参考的数据指标极其复杂，企业运营者不可能了解所有相关规则。而且抖音平台是智能算法推荐机制，每天推荐作品的规则都会有相应的变化，不存在所谓的通用标准和公式。

对于企业运营者，首先，要关注的数据指标是作品的播放量、点赞量、留言量、分享量和完播率，如图64-1所示。其次，需要关注的数据指标是账号主页访问量、作品粉丝增长量等数据，如图64-2所示。而播放量的大小直接受点赞量、评论量、转发量和完播率这四组数据所影响。

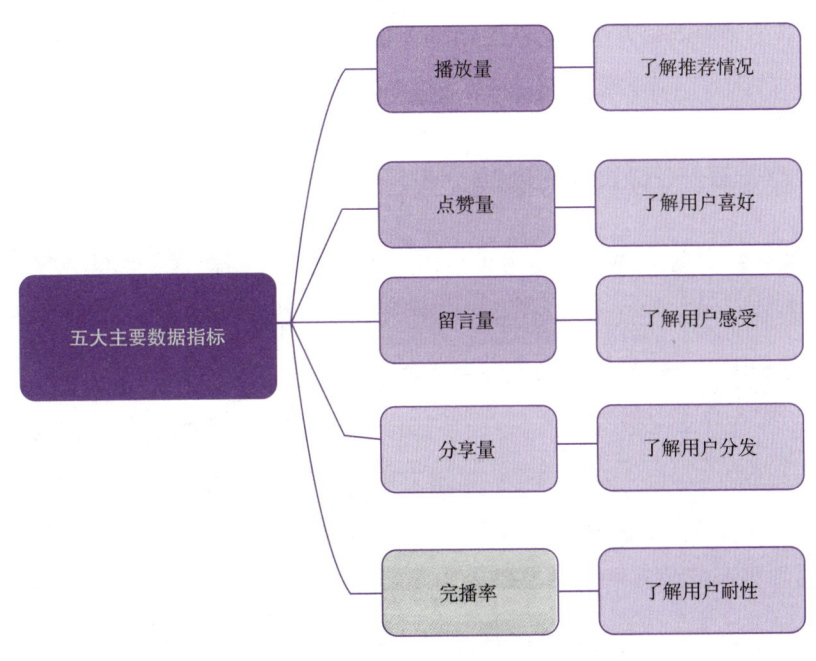

五大主要数据指标：
- 播放量 —— 了解推荐情况
- 点赞量 —— 了解用户喜好
- 留言量 —— 了解用户感受
- 分享量 —— 了解用户分发
- 完播率 —— 了解用户耐性

图64-1 五大参考数据

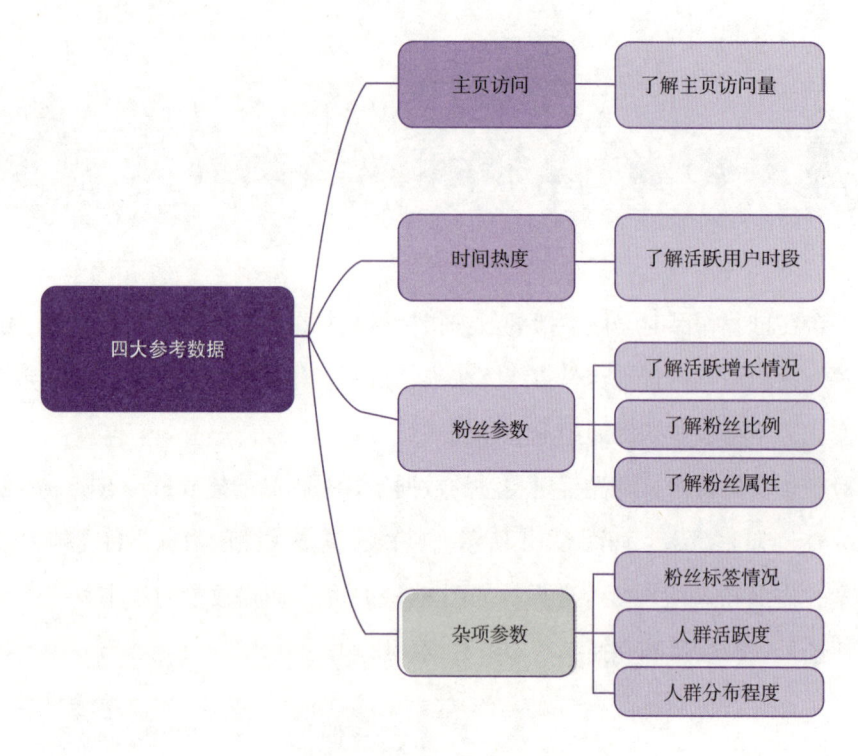

```
                          ┌─ 主页访问 ──── 了解主页访问量

                          ├─ 时间热度 ──── 了解活跃用户时段

                          │                ┌─ 了解活跃增长情况
         四大参考数据 ─────┼─ 粉丝参数 ────┼─ 了解粉丝比例
                          │                └─ 了解粉丝属性

                          │                ┌─ 粉丝标签情况
                          └─ 杂项参数 ────┼─ 人群活跃度
                                           └─ 人群分布程度
```

图64-2　四大主要数据指标

1. 点赞量——最直观的数据

需要打开数据中心，选择相应作品，在点赞分析区查看点赞量数据曲线图。点击"查看视频"，后台会对作品进行播放，同时显示曲线图，而曲线走势较高的波峰就是用户点赞最集中的内容点。企业运营者可以通过曲线图走势，判断出每个短视频在什么时段的点赞量最为密集。往往点赞量密集的时段就是运营者要记录和研究的内容点，这些内容点是触发用户点赞的关键。

有一个小技巧，在创作作品时，运营者可以有意识地将"记得给我点个赞""感觉内容好的别忘记点个赞""是不是忘记给我点赞了"等引导性用语融入作品的开头或结尾。然后通过观察数据进行描述与表达的优化。有案例显示，通过这样的方法，在作品结尾处使用引导语，能帮助作品获得超过 20% 的点赞量。

2. 完播率——最重要的参数

同样需要打开数据中心，选择相应作品，找到观看分析的数据曲线图，然后点击"查看视频"。这时后台同样会对作品进行播放，同时显示曲线图，波峰下滑太快的部分就是用户大量流失和跳出的部分，而波峰非常平稳的部分，就是用户大量留存的部分。

通常来说，视频的前 3～5 秒会出现一个波峰的极速下滑，这是正常现象。如果在视频中段或者后段出现类似情况，一定就是作品内容出现了问题。

所以，我们要查看每个短视频作品的波峰走势，对于波峰平稳部分的内容要做记录，了解用户能够留存的原因，而对于波峰下滑部分的内容也要做记录和总结，避免出现类似情况。经过多个作品分析后，运营者会更了解如何提高作品的完播率。

新手容易陷入的一个误区是短视频越短越好，因为完播率会很高，听上去很有道理，但其实不是，不同时长的短视频平台对其审查的指标是完全不同的。所以，没必要为了短而去制作视频作品，当视频太短时就算完播率很高，也不一定会被推荐，况且超短类视频（5～10 秒的短视频）很难获得粉丝的关注，能够讲述的内容也非常有限，对人设的建立也非常不利。不管视频是长还是短，前提都是把要表达的内容讲述清楚。运营者在制作短视频作品时，确实要追求简练、精干和短小，但前提是把想要表达的内容讲述得足够清楚，切莫为了短而缩短视频，这样就本末倒置了。

3. 转发量和评价量

转发量的多少，决定了作品被保存价值的高低。想提高转发量，就需要在作品中融入更多有稀缺性的内容和观点。例如犀利的评价、有价值的素材、有营养的知识，这些内容有助于提高转发量。

评价量也至关重要，如果作品的评论较为精彩，还能增加完播率、点赞量，促进粉丝量的增长，是非常重要的数据指标。想要增加作品评论量，需要在作品中融入一些比较有反差的观点和结论，这样更能激发观者写留言。同时，运营者也应该在自己的每个作品下方先进行留言，主动去做留言引导。通常每个新作品先进行 2～3 条留言，并积极地回复其他用户的留言，这样能有效激发更多留言。

4. 账号赞粉

账号赞粉比在账号首页，创作者可以看到账号的总点赞量和总粉丝量，二者之间的比例在一定程度上能说明该账号内容的价值和粉丝的活跃度。通常，口播类账号的赞粉比在 3∶1～5∶1，剧情娱乐类账号的赞粉比在 6∶1～10∶1。

如果账号的赞粉比达到了 2∶1 甚至是 1∶1，则可以很直观地证明该账号的内容价值较高，粉丝活跃度较高。相反，如果账号的赞粉比远远低于 10∶1，那说明该账号的内容价值较低，粉丝活跃度较低。

如果删除了相关作品，那么相关作品的点赞量会直接丢失，但如果隐藏该作品，则总点赞量不会丢失。所以，尽量不要删除作品，因为会丢失点赞数。

5. 作品赞播比

作品赞播比是指每个作品的点赞量与播放量的比例，优质的赞播比是没有绝对答案的，每个品类和每个不同时段的赞播比的判断都是不同的。给大家一个最为广泛的参考值，以 500 播放量为单位，如果作品的点赞数能达 30+、评论 10+、转发 5+；以 60 秒为合格的完播率达到 18%，可视为互动数据良好；以 10000 播放量为单位，如果作品的点赞数能达到 500+、评论 80+、转发：50+；以 60 秒为合格的，完播率达到 15%，可视为互动数据良好。抖音创作者在不断激增，每个季度，互动率的评判参数都会有较大的变化，互动率标准也都不同，千万不要迷信统一标准，这是不存在的。

当然，影响作品上热门的因素较多，点赞量只是其中一项数据，但通过这个方法，可以大致判断其他账号作品的播放量。

创作者需要关注每个作品，了解作品数据，然后不断优化和升级数据指标。通常对单个作品的分析要达到一定数量后才能掌握规律，至少要在 10～20 组。所以，企业运营者切莫心急，账号运营与分析是一个长久的过程。

第65招　关注数据报告与测试优化作品

在企业账号运营初期，如何策划合适的账号内容？运营者需要借助第三方数据工具，进行账号查找与研究。大多数数据平台都具备这项功能，本招以飞瓜数据平台为例，在平台的首页，运营人员可以重点关注行业观察平台发布的数据报告，如图65-1所示。

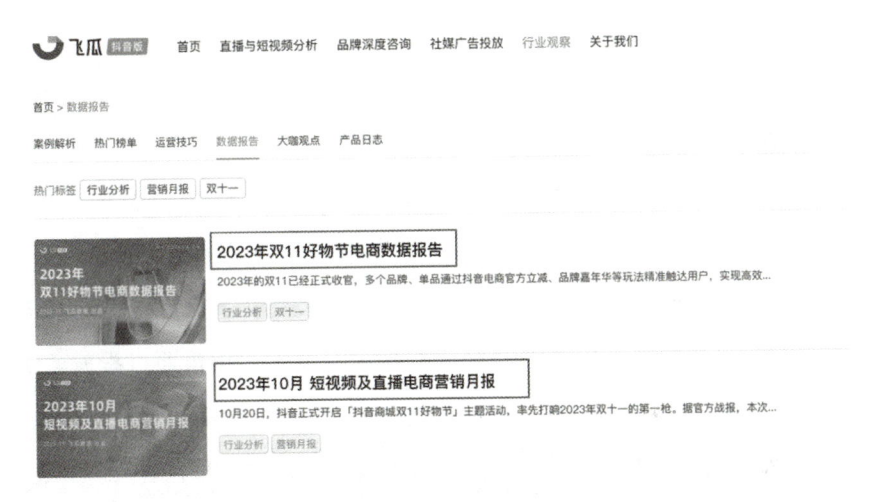

图65-1　数据报告

数据报告会展示抖音平台上近期各个行业销售业绩最好的账号或品牌排行榜，这些账号的内容形式往往都比较新颖，特别值得新入局的企业运营者参考与研究。

在企业短视频创作过程中，为了解作品的实际用户反馈，还需要对作品进行内容测试，这样的行为在专业领域的学名叫作 A/B Test。

简单来说，就是针对同样的短视频内容，在制作和表达时采用不同的思路。例如，更换不同场景、使用不同语速、使用不同剪辑方式、使用不同文案标题、使用不同时长等方式进行制作。

可以将一个作品制作成多种形式的视频来进行测试，通过这种方式寻找最适合自身企业账号的内容形式和风格，每次进行测试的变量不要太多。比如选题是制作产品的作品，在脚本内容不变的前提下，可以设计成不同的测试版本。例如：

测试版本1：时长60秒，采用真人出镜口述的形式来讲述产品，测试纯口播形式的欢迎度。

测试版本2：时长60秒，采用场景表达的形式来描述产品，测试复杂场景的欢迎度。

测试版本3：时长30秒，采用真人出镜口述的形式来讲述产品，测试时长效果。

测试版本4：时长30秒，采用场景表达的形式来描述产品，测试时长效果。

在测试时，作品一定是同一主题，并且在上传作品时，尽量做到有规律，可以天为单位，固定在规律时间段进行隔天上传，这样测试效果会更好。测试的过程是一个反复的过程，对测试效果不佳的作品可以进行隐藏，这样就不影响用户对账号短视频的观看了。做测试的账号最好有一定的粉丝量并且已经开通后台数据查看功能，这样，反馈会更直观。如果没有粉丝，也可通过投放"DOU+"进行弥补，但需要投入一定资金。

最后要说的是，抖音是智能算法推荐机制，行业内流传这样一句话："一个月一小变，三个月一大变"，永远不变的就是变化本身，这就是抖音。我们企业运营者在运营账号时，如果出现瓶颈，也可以通过这样的测试方法，来寻找新的内容和突破口。

第8章

多行业实战：
助力各个实体
行业转型升级

第66招 抖音+餐饮

正所谓民以食为天，食物是人们赖以生存的基础，也是生活中不可或缺的要素。餐饮业是我国三大支柱产业之一，新媒体时代下，线下宣传已不能满足企业的拓客需求了，本招我们就来讲餐饮行业在抖音上该如何做推广，如何用线上线下相结合的获客方式使得门店获得更多流量。

首先我们先剖析一下餐饮行业抖音运营的优势。

1. 用户群体活跃度高

抖音用户主要是年轻用户，对新事物都比较感兴趣且还有很强的适应能力，对一些餐饮行业的团购链接也都知道怎么操作，通过在抖音上做宣传，放出优惠链接，有感兴趣的用户就会自己进行购买，到店消费。

2. 展现形式更生动，容易刺激消费

抖音短视频的特点是可以让表达的东西更生动，动态的展现形式比"图片+文字"的形式更突出，以音乐作切入点，拍摄出食物的美味，还可以将食物的制作过程、试吃过程表现出来，更能激发消费者的购买欲。

3. 话题度更具优势

抖音短视频时长大多数都很短，很多人会在碎片化的时间刷着看，里面的话题是很具有优势的，当下比较流行的美食或餐饮店都有一个话题可以讨论，带上话题可以得到更多曝光量，比如最近流行的草莓塔，截至2023年3月，该话题下已经有17.4亿播放量了。

明确了餐饮业的优势后，下面再来讲餐饮行业抖音账号该如何运营。

1. 做账号定位，立人设

这一点在之前的章节已经提到过，在这里就再简单地回顾一下。做账号的第一步，要先清楚做什么样的账号，建议把自己的特点列出来，再找几个做得比较好的抖音账号做竞品对标分析，为以后运营做准备。例如主要做火锅的，那么账号内容可以围绕火锅这个话题展开，账号昵称、头像、背景照片也最好是跟火锅挂钩的，让用户一眼就能看出此账号与火锅相关。

2. 明确短视频拍摄类型

好的视频内容能起到事半功倍的效果，它主要有以下几类拍摄风格：

（1）**主拍菜品**：不是每个菜都要拍照上传，可选择门店的特色菜，拍几款有代表性的做成视频就可以了。例如，以烤鱼为主的门店，特色菜就是烤鱼，可以拍摄店主强推款、实惠款、网红款等几种特色烤鱼。视频可以适当地使用一些滤镜，主要突出"美味"，让人看着更有食欲。此外，要尽量展现出价格优势，更大程度地吸引用户消费。

（2）**主拍环境**：如果门店环境较优美，像一些音乐餐吧、海上餐厅之类的，在视频中一定要进行突出，传达出门店特色，除了美食还有优美的环境可以欣赏，一旦火了很有可能变成网红店，会吸引更多人到店打卡。这类视频最好搭配一些当下流行音乐，借助餐饮热度较高的话题发布视频，会得到更多的曝光量。

（3）**主拍门店人气**：在门店内就餐人数最多时进行拍摄，把门店爆满的画面展示出来，有些人刷到这类人气很旺的餐厅也会产生去打卡的冲动，毕竟观众有从众心理，会更喜欢去人比较多的餐厅，而不会选择人少的店。人气也是一种优势。

（4）**主拍食物制作过程**：食物有一个很重要的大众关注点，那就是是否干净、卫生。把食物制作过程展现出来也可以让用户更安心，还可以体现餐厅在制作食物过程中的严谨，更容易得到用户的信任。这类视频可能会比较乏味，可以搭配轻快的音乐加上倍速播放，时长尽量简短且完整，实在太长的话可以分为上下集来发布。

（5）主拍人物：类似于剧情类短视频的拍摄手法，对出镜人物演技有要求，有条件的店主可以自己出镜拍，或者找固定人来拍，可以拍摄一些开店日常、有趣的故事，或者找不同的人来探店打卡和评价，站在用户的角度思考问题，尽可能激发用户的情感共鸣。

3. 短视频内容要点

（1）**展现高颜值**：出镜的人、食物或者环境要突出高颜值。人们对美好的事物比较没有抵抗力，美食本身就是很美好的事物，再加上优美环境的加持，很难不令人心动。在抖音爆火的网红店基本都是这样诞生的，在视觉上给人极大的享受，再加上流量传播，让人看到后会很心动，想打卡。

（2）**适当借用热点话题**：热点话题的传播效果是很显著的，借用热点话题的视频浏览量也会比较高，所以，看到合适的热点都可以考虑是否可以利用。但注意要与自己的账号定位做结合，不要硬蹭。平时可以多看看抖音热榜，也可以借助新榜、微博热搜、西瓜助手等工具查热点。

（3）**注重视频拍摄手法**：可以在视频里面加上一些运镜、转场或者画外音效等来提升用户观看的体验感，也能为整个视频添加亮点，除了在视觉上突出食物的高颜值以外，还可以用声音音效从另一个层面来表达食物的美味，在拍摄手法上多做尝试，也是很有必要的。

（4）**创新视频形式**：在多元化的时代下，用户会喜欢新鲜感，尤其是一些新奇事物更能激起用户的好奇心，同样，不管是视频的展现形式或者拍摄形式，都不是一成不变的，要持续保持创新。

4. 运营注意点

（1）注意视频的更新时间，一般中午 11:30 ～ 14:30，晚上 17:30 ～ 20:30 发布的效果会好一点。

（2）账号内容要持续更新，最好保持稳定的发布频率，如每天晚上 8 点固定推送，让粉丝可以即时查看最新视频。

（3）要遵守抖音平台的规则，规避一些敏感词、违禁词等，防止被限流。

（4）抖音文案要简洁，标题可以使用疑问句的形式，更容易有代入感。

（5）要维护好账号人设，比如你的定位是烤肉店，那么你的视频里面最好都发与烤肉相关的，个人简介也可以给自己做一下包装，显得更专业。

（6）视频有评论时，要及时回复，可以提高整个账号的权重。

（7）发视频时可以带上自己店的位置，感兴趣的用户可能就直接到店消费了。

总结一下，其实餐饮行业做抖音运营，可能短时间内想要爆火会比较难，但持续运营，坚持输出，一定是会有收获的！

第67招 抖音+旅游

抖音对旅游行业最大的贡献是带来了巨大的流量，改变了旧有的变现模式。诸多事例表明，无论是旅游景区，还是以提供旅游服务为主的旅行社、旅游网站，它们在使用抖音后都取得了非常好的效果。

早在2018年开春时节，西安就因一条抖音视频突然成了炙手可热的网红城市，其旅游收入与游客量显著增长。当时，位于西安城墙脚下的永兴坊因"摔碗酒"成为被抖音捧红的众多西安网红景点之一，喝着"摔碗酒"，配上一曲欢快又洗脑的《西安人的歌》，永兴坊在网上迅速走红，吸引八方抖友纷纷前来打卡，饮一碗古城老米酒，做一回西安"社会人"。在抖音视频中，根据"摔碗酒"而制作的视频非常多，搭配音乐，控制视频拍摄的快慢，运用滤镜、特效及场景切换等技术，创作了很多好作品。这些来自民间的短视频悄然成为西安旅游营销的利器。

除此之外，还有其他因抖音而爆红的景点，比如重庆的"轻轨穿楼"、厦门鼓浪屿、济南宽厚里、张家界天门山等。这些地方都借助抖音直接呈现在了众人面前，不出门便可感受到景点的魅力，间接提升了这些景点的知名度和美誉度。

提到旅游行业，很多人首先想到的是某景点、某景区，除此之外其实还有一部分重要内容不可忽略，那就是旅游公司、旅行社、旅游网站等。随着旅游业的进一步完善，它们的地位越来越重要，充当起了旅游景点和游客之间的桥梁。一方面在为旅游景点拉客，另一方面也可为游客提供服务。现在很多游客出行选择线上预定就是这个原因，通过线上能享受更便捷的出行服务，省时省力。很多旅游公司、旅行社、旅游网站为了迎合游客需求，也在积极与抖音接轨，以改变服务方式，提升服务质量。

途牛旅游网在抖音上的账号是直接以其名命名的，如图 67-1 所示，其上发布有数十个抖音视频（数据截至 2023 年 11 月），重点介绍国内一些旅游景区。有时，还会联合影视明星举办活动，如曾与林志颖合作，吸引大量粉丝参与。

图67-1　途牛旅游网抖音账号

抖音营销延伸至旅游行业之后，很多旅游景区、旅行社及旅游服务性企业纷纷开始与抖音合作。有的直接与网红、明星合作，有的则开通美拍、秒拍等抖音账号，通过自主拍摄抖音视频的形式与游客互动，向游客展示企业信息。这大大优化了服务水平，提高了服务质量，改善了企业服务中的不足，弥补缺陷；游客也可以通过抖音与企业互动并发表自己的意见和建议。

抖音在旅游行业的作用主要体现在宣传推广和引流上，目的是获得高曝光率和大量游客。鉴于此，旅游行业在运用抖音时就应该围绕这几个目的来做。

1. 品牌推广，扩大旅游景区知名度

"世界那么大，我想去走走"恐怕是很多人的心声。然而，由于这样或那样的原因，绝大部分人总是无法实现。如果有一种足不出户即可欣赏各地美景的方式，可以说能了却很多人的心愿。那么抖音就是这样一种方式，用镜头就可以记录世间的山山水水来满足游客的心理需求，同时，对于旅游景区也是一种无形的宣传，可以起到非常好的品牌效应。

2. 服务展示，提高游客体验

众所周知，旅游是一项体验性十分强的户外活动，因此，对于旅游景区或从事旅游服务行业的企业来讲，如何让用户更好地体验就显得十分重要。良好的体验性是吸引游客的法宝，而良好的体验性从哪里来，必然是来自高质量、周到的服务。"抖音＋旅游"无疑是服务质量上的一次全面升级，主播亲临其境，清晰、真实、全方位地带领观众领略旅游景区，就是一种全新的体验。

3. 与粉丝互动，强化粉丝黏性

互联网时代人人都在讲用户思维、社群思维，所谓的用户思维就是时时、事事以用户为主。社群思维就是把用户集中在一个社群里，进行有效管理。以前，我们也讲客户至上，虽然重视客户利益但往往没有互动也没有管理，客户买了东西后买卖关系就结束了，至于这些客户是否会重复购买则很难预测。而在互联网时代，由于有了很多社群，如 QQ 群、微信群、论坛等，就可以把用户"圈住"，并进行有效的互动与管理。

圈住了用户就意味着圈住了利益，抖音无疑是一个更高效的社群，在这个社群里，企业与游客可进行多层次、更深入的交流。对于旅游行业来说，最主要的是为旅客提供信息服务。抖音内容应该以推送旅游信息为主。在用户了解更多信息的同时，也要加强第三方服务，如火车票服务、机票服务、餐饮服务等，为游客提供更便利的出行，让游客愿意把钱交给你。

抖音所拥有的高频率的传播，人性化的展示，以及搭建社群的能力，既符合了景区、旅游公司、旅行社的需求，也符合了游客的需求。通过以上分析可以发现，无论站在哪个角度，抖音在旅游行业的发展前景都很大。

第68招 抖音+美业

本招教大家美容美发领域抖音变现运营方案。

1. 美容美发领域的热门视频

（1）**炫技类**：展示专业的技能才艺，例如，剪发师娴熟的剪发技巧，剪刀的使用方法等，配合抖音短视频的炫酷画面，打造不同风格的视频账号，引发用户的收藏和关注。

（2）**职业场景类**：大众生活中，美容美发行业是大家经常接触的地方。通过拍摄现场视频再配合一些情景故事，引发用户的熟悉感。

（3）**颜值类**：想要吸引粉丝，除了博主散发自信、要有格调外，一定要真实，让粉丝想要变成你。而想要更多地收获粉丝，美容美发类博主也要有反差效果，例如，同时叠加一个深刻的行为，这样粉丝想不记住你都难！

2. 短视频的"生死五秒种"

还有必须要提到的是，前五秒目前被定义为短视频的"生死五秒钟"，如果前五秒没有抓住用户的注意力，将直接影响视频的完播率，从而导致没人点赞、没人关注的状态。这一点之前的章节也有讲过，但这一点在美容美发行业作用更为明显，所以在这里有必要再重申一下。

以发型师拍抖音为例。有很多的视频开场白都会说："大家好，我是某某发型师，请问今天对头发有什么想法？"当刷到这种的视频时用户往往并不想知道你是谁。然后，开场就是一段音乐搭配剪头发步骤的视频，这类的素材更容易让用户划走，其实用户并不想学习技术，也没兴趣，这种视频一点儿重点都没有。

那应该做什么样的开场白呢？还是以发型师抖音视频举例：

（1）揭秘类："自然卷一定要做的一款蛋白烫，做完立马让你变仙女哦！"

（2）口播提问类："皮肤发黄发暗的小姐姐还不知道哪款发色可以显白吗？来！我告诉你哦！"

所以前五秒必须出现爆点，引发用户的共鸣，比如，让用户好奇、开心、敬畏、恐惧等，这些情绪非常容易让用户继续观看下去。或者在前五秒抛出一个有实用价值的信息，这个信息要真实，要对用户有用，这也是他（她）非常关心和需要的。

最后还要提到一个小技巧，就是品牌和产品植入。在发布视频的同时，美容美发行业可以通过发放优惠卡券的方式进行引流，这样，我们在刷视频的时候通过优惠券入口点进去，就会看到一些优惠活动，可以领取优惠券，任何O2O行业均可使用此法。

第69招 抖音+服装

当前服装行业很多品牌都开始加入抖音运营行列中，都想要在这火爆的潮流中分一杯羹。当前服装行业的抖音运营，主要呈现出以下几个特点：

（1）进入抖音的大品牌很多，那些传统渠道的服装品牌在抖音的动作比较频繁，几乎每天都有品牌直播，直播时间很长。相对地，一些网红品牌也开始进军抖音直播，期望在持续的抖音运营中增加曝光量，提升销量。就表现来说，如今国货服装品牌的销量非常不错，尤其是女装品牌，可谓是异常强势和火热。

（2）就数据来看，当前抖音用户更喜欢平价商品。大多表现良好的服装品牌，单价都在300元以内，甚至一些品牌的单价控制在了100元以内。可见，在抖音销售服装，要以性价比高的折扣商品为主，才能吸引更多流量。

（3）抖音红人直播，是很多服装商家采取的措施。抖音红人、明星本身就自带流量和话题，品牌商大多都会与他们合作，以提高销量。

（4）大码女装的表现可圈可点。有几个大码女装也成功上榜，微胖女生对服装的需求量增多。如今，大码女装也是一个比较受关注的类别。

（5）服装行业的抖音运营更多的是依靠品牌自播模式。作为商家布局内容营销的重要领域，品牌自播的带货能力有目共睹，几乎已经到了处处自播的程度。

综合来看，服装行业在抖音运营方面整体是呈现增长趋势的。服装行业商家开设企业号的比较多，与用户的联系相对还是比较紧密的。在抖音产品功能方面，服装商家比较喜欢私信、购物车、商家主页和官网链接等功能。整体来看，服装行业商家对抖音运营的接受度还是蛮高的，运营效果也相当不错。

当然，服装行业或多或少面临着一些挑战。虽然服装行业众多商家在抖音运营方面很下功夫，不过在相对乐观的形势面前，也不可避免地存在着一些问题。当前服装行业在抖音运营方面面临的问题主要体现在以下几方面：

（1）在内容发布的时候，一些商家的针对性不够明确，没有聚焦点。这导致产品没有卖点，视频分类不明确，导致目标粉丝积累缓慢。

（2）需要提醒各位服装业企业主，做抖音，依然是内容为王，内容做好了，服装起号才简单，粉丝百万是一个门槛，过了一百万的粉丝量，你会发现自己的号又赚钱又好做。但是想要达到一百万的粉丝，真的是要花心思。

下面讲一下服装业抖音运营的一些实用技巧。

1. 不间断地进行品牌自播

品牌自播是抖音直播中比较常见的一种形式，品牌自播的时长，是成功的关键。不同用户刷抖音的时间不同，原则上，自播时间越长能够吸引的用户就越多。据数据分析，商品的销售数据，与商品和商家的顺序和讲解的时间和次数都有非常密切的关系，建议将最为畅销的商品放在靠前的位置。

适度借用热点也是品牌自播商品畅销的关键。国潮可算是当今一大潮流了，跟着这股风潮，找一些正能量的明星代言，发布国潮新品，很能吸引消费者。

自播想要成功还有一点要做好，那就是特色。当前消费者更喜欢的，是具备创新性，又比较独特的商品。提供"抖音款"新品，也是不错的思路。

2. 提升粉丝留存

服装业在抖音直播时想要提升粉丝留存率，就要关注以下几个方面：

（1）**场景搭建**：装修要简洁大气，明亮度很重要。灯光效果要注意，暖色调和冷色调的效果不同，一般需要打三个灯：主播脸前方和两侧前方。服装建议从旁边拿出展现。

（2）**粉丝福利**：想要让粉丝留存更长时间，可以不间断地提供一些福利。常见的抽奖活动、现场答疑赠送小礼品、抽福袋等，当然展现的时候要注意符合抖音的政策，避免违规。

（3）**直播话术**：直播的话术，要直击痛点，快速吸引用户注意力。比如羽绒服更多是为了保暖、白衣服比较容易脏等，这些都可以包装成比较吸引人的话术。做服装要多展示爆品，反复强调产品的畅销和优势。优惠活动也要包装在话术里。公司的优势，比如品牌知名度也要展现。

3. 优化内容生产

服装业要持续性地输出优质内容，不断转化带货，才是最关键的。内容生产不仅仅是单向输出，还要明确产品的定位，针对产品特色来制作内容，才能获取更多关注。

总之，抖音直播的发展速度如此之快，以至于服装业商家要不断寻求新的运营方式。但同样也是不断变化的抖音，为商家提供了更多的可能。为了适应不断变革的行业格局，服装行业应当不断更新抖音运营技巧，全面提升运营能力，以求在抖音中占据一席之地，全面提升品牌影响力和商品销量。

第70招 抖音+汽车

在抖音平台，汽车类的视频账号目前也是越来越多，很多汽车行业公司都开始尝试抖音，但是大多数效果仍然不尽如人意。本招我们来讲汽车类抖音运营方案。

首先我们要直击客户的痛点，并且充分结合企业产品或品牌定位。做有期待的视频，而汽车行业，视频开头的前七秒非常重要，抛出有吸引力的内容，必须吊足客户的胃口，比如："十万元如何买一款高性能 SUV。""最适合年轻人的十款性价比车。""你知道什么时候买车 7.5 折吗？""电动汽车真的不如油车吗？谈谈你的看法。"

这样的吸睛内容、科普问答都是大部分车友、客户最关注的点。

不同风格的创意策划内容会带来的效果不同，下面讲几种常见的汽车行业账号类型。

（1）**搞笑类**：主要是策划不同的脚本内容，通过 4S 店搞笑日常趣事对话等方式让用户关注。

（2）**车评类**：通过不同的出场方式，讲解车型的优劣势，推荐真正合适的汽车，这种账号满足的都是一般人的猎奇心理，展示观众们平时看不到的东西，更多地以专业角度客观分析，一定要专业，而且要对车讲出自己独特的见解。

（3）**分享知识类**：通过分享汽车冷知识，吸引用户的关注，该类账号一般更多地分享干货内容，例如，当遇到刹车失灵怎么办？车辆出现微小的划痕怎么处理？如何快速准确分辨加油口位置等知识内容，让用户抱着解决问题的心态去看完视频。

（4）**剧情反转类**：反转类视频也是当下抖音比较受欢迎的类型之一，在短短的 15～60 秒，多次发生意想不到的效果，"反转"再"反转"，满足用户看下去的好奇心，抓住观众痛点，在反转开始之前先营造困境冲突，冲突越大，观众停留时间越久，反转效果好，就要让主角在化解困境中越困难，中间也可以设计一些假设问题，情感上的共鸣，让观众有代入感，设计出意想不到的戏剧效果。作为汽车类账号该类视频更有趣，将汽车作为背景、道具甚至情节插入视频，给观看者留下深刻的印象。该类视频内容悬念设置能大大提升完播率，做到三秒开场吸睛，抓住用户停留。

（5）玩车类：车辆的改装、车辆的赛事、一些情怀的老车、顶尖汽车等，但是该类账号的创作门槛比较高。

下面来讲一下汽车行业的抖音账号运营，主要分为三个阶段：

1. 预热期

通过对账号的定位，看自身账号是哪种类型，二手车账号、4S 店账号、说车账号、学车账号、用车类账号等，根据账号的定位进行设置，从头图到封面及个性化签名等包装账号，另外对账号自身也要质量评分，更新视频时前期可以分时间段发布，看时间段最终带来的播放量数据，取该时间段播放量较高值，后期统一时间发布作品。

2. 增长期

探索自己的风格和节奏，从后台对账户进行数据整合，在做好账号定位之后，我们还需要对视频内容进行制作和包装。视频内容不能太单调，可以考虑加入一些有趣、有创意、有吸引力的元素，多添加一些相关标签，尽量不要用该账号刷不相关视频，同时也要自主做一些抖音话题策划。该时期要重点运营，非常关键。

3. 爆发期

对数据比较好的视频可以进行"DOU+"投流，增加播放量，让更多喜欢该类型的用户进行关注，打造爆款流量视频，获取粉丝沉淀。对爆款视频可以分析其内容，凸显优势，加大投放，按照该类内容多创作一些类似视频，但不要过多，该时期账号要不断突破瓶颈，各维度精细化运营。

第71招 抖音+家装

如今的家装行业正在面临巨大的挑战。一是获客成本高，随着各种精装房的推出，毛坯房进一步减少，比之前更难获客了；二是利润空间小，上游的材料、人力成本逐步上升，导致家装企业的利润空间下滑；三是推广难度大，家装行业的特殊性导致了对线下推广的更大依赖。

面对如今的家装行业困境，不少商家选择转到线上进行营销推广，而抖音，正是一个十分合适的推广平台。一条爆款视频能推送到成千上万人手机上，并且成本比传统宣传更低，效率更好。

但是要做好抖音，却不是那么简单的，本招将教大家如何在抖音做好一个装修账号。

1. 装修类抖音账号定位

在做内容创作之前，还是老规矩，我们先做好定位。

（1）家装行业是低消费频次、高单价消费的行业，所以目标用户不太可能看了一条视频就会无脑下单，我们需要长期地、有频次地在抖音平台上发布视频，建立用户对我们的情感连接，从而得到用户的信任，促进销售转化。

（2）做好人群定位。根据相关数据，目前家装行业的主要消费人群是"85后""90后"。相比传统的线下渠道，他们更喜欢在网络上寻找合适的装修渠道，并且追求家装的品质化、定制化、智能化。

2. 装修类抖音热门视频

做好了人群分析之后，就要想着怎样才能把视频拍成爆款了。分析了一些抖音上家装行业爆款视频后，总结出这五个家装行业的易出爆款的拍摄类型：

（1）剧情类：在视频中融入剧情，从而让用户引发情感共鸣。通过感人的故事情节，或者通过提供解决痛点的方法，以此来传递家装设计的理念。利用场景＋故事＋卖点，从用户的痛点出发，比直接植入硬广更能击中人心。

（2）装修日记类：这类视频多以展现装修前、中、后期的各种装修过程为主，如定制家居尺寸、材料清单表格、家居产品的分享等，满足装修业主的信息需求。

（3）真人讲解类：通过实地拍摄＋真人出镜的方式，进行设计、施工、选材等装修知识的讲解，来塑造专业的人物形象，真人出镜能让视频更专业、更亲切、更有代入感，所以此类视频比较注重于IP的打造，旨在通过视频让用户建立信任感，这样，后续的转化也会更简单一些。

这种有着真人人设的IP打造，能够将品牌赋予在真人上，围绕着人设，策划一系列的视频内容，并且适当在内容中植入广告，让用户在趣味中种草设计，有效地进行了品牌的传播。

（4）动画展示类：这类视频多以动画的形式来展现装修改造的过程，提供各种房间的装修方案和效果图片，常见的如房屋的空间设计展示、工艺步骤展示、户型图的改造展示、装修的避雷干货等，把让人叹为观止的设计细节呈现出来。

3. 装修类抖音账号运营要点

不管是选择什么样的拍摄类型，建材家居装修行业想要在抖音上获取流量，还需要做好以下几点。

（1）**账号垂直**：无论视频内容是剧情类还是干货知识分享等，整个账号的内容一定是垂直的，这样更利于形成差异化、风格化，有了确定的风格，更易吸引粉丝。

（2）**人设鲜明**：账号的人设需鲜明，最好是能让人有记忆点的，例如"设计师阿爽"，有特定的人设、口头禅、语言、动作和行为习惯，能迅速让人记住。

（3）**节奏掌控**：视频内容尽量做到节奏快、不拖沓、简单易懂，最好是在视频的前几秒就能快速吸引人关注。

（4）拍摄剪辑到位：拍摄清晰，剪辑节奏到位，再搭配上字幕、音乐、封面，这样的视频一定比随手分享的更吸引人。具体技巧在前面已经详细讲过，在这里不再赘述。

（5）知识专业：具有专业的知识体系，有框架逻辑的视频内容，看上去更让人信服，而不是零散的碎片化信息。

（6）稳定更新：优质的内容和有规律、高频次的更新更容易抓住客户，从而起到吸粉作用。

（7）转化引流：要善于利用转化组件进行引流和转化。可以通过在评论区、定位、背景图、商家组件等寻找精准的用户，以确保流量的最大转化。

以上就是装修类抖音账号的内容创作与制作方法，读者可以结合自己本身的优势和特色，选择对标账号，相信经过不断地实践优化，你也能做好一个账号！

第72招 抖音+农业

众所周知，农业是支撑国民经济建设与发展的基础产业。正所谓，三农向好，全局主动。在当前的市场竞争中，农产品的销售作为农民的主要收入来源，一直备受关注。随着抖音的爆火，抖音也自然而然地成了推广农产品的新选择。本招我们来讲一下，农业企业在抖音如何运营。

1. 建立账户

在抖音上进行农产品的推广，首先需要开设一个账户（具体方法技巧参考本书前面的内容）。如果你是一位农民或农产品的生产者，你的账户可以更多地展示你的工作照片和你生产的食品图片。除此之外，请搜集一些有关生产制备和种植场地等方面的内容作为素材。并且在短视频上传前，同时为每个视频添加有关你的生产、种植以及配送农产品的标签。

2. 让抖音更有效地推广农产品

（1）**使用微笑和自信的语气表达对农产品的热爱和信任**：在短视频制作期间，可以寻找生产者与消费者间的关联。你可以拍摄每天早晨的鸟鸣以及花叶等自然美景。同时，你可以将自己的生产与消费者的需求联系起来，多多结合有机食品等健康产品的信息。

（2）**展示采摘、菜品制作等流程**：观众与你的实际生产现场之间的亲密联系也是非常有用的。你可以选择每天拍摄五分钟，或者在特定时间安排摄像机拍摄现场，以展示采摘、菜品制作等流程，丰富观众视觉体验。

（3）团队互动：如果你是一个小型农产品生产者，你可以邀请合作伙伴或团队一起在视频中表演。这将激发你的客户对你和你的产品的信心。

最后要提到的是，运营者虽然要关注销售市场竞争，但更要注重保护消费者的健康权益。抖音平台所支持的短视频运营方式，可以帮助农产品生产方发布高质量食品信息，并在一定程度上维护消费者的健康权益。在这个时代，新兴的社交媒体可以帮助我们寻找新的生机与动力，也可以让农民和农产品生产者更好地与消费者联系起来。